Alte Pflanzenschätze

wieder entdeckt

blvgartenplus

SIEGFRIED STEIN

Alte Pflanzenschätze

wieder entdeckt

Zier- und Nutzpflanzen aus Großmutters Garten

blv

Inhalt

Vom Zauber alter Pflanzen

Es ist wie mit den Kleidern – auch Pflanzen unterliegen der Mode. Die Myrte und die Zimmerlinde, die so selbstverständlich in Großmutters Veranda blühten, sind inzwischen Raritäten. Ebenso erging es interessanten Obst- und Gemüsesorten. Heute braucht man sie wieder für die neu entdeckte regionale Küche, deren Gerichte jeder Feinschmecker genießt.

Die historische Abbildung zeigt Liebeshainblumen *(Nemophila)* und die Sumpfiris *(Iris versicolor)*.

Gärten im Wandel der Zeiten

Kommen Sie mit auf Entdeckungsreise, denn viele der alten Gärtnerschätze sind als Augenschmaus ebenso wie als Delikatessen jetzt voll im Trend. Lorbeerbäumchen und historische Rosen, der Buchsbaum als Umrandung in überquellenden Bauerngärten, formal geschnittene Bäumchen als Zierde in Kübeln und Terrakottagefäßen – plötzlich sind die gerade noch »vergessenen« Pflanzen wieder gefragt und passen zu unserer modernen Lebensweise. So kann man einen Innenhof mit farbenprächtigen Teppichbeeten zum Schmuckstück machen, die Terrasse in einen romantischen Toskana-Garten verwandeln und satte Bauerngartenfarben nach Art der Maler Claude Monet, van Gogh oder Emil Nolde erglühen lassen.

»Potagers« heißen die wieder entdeckten Küchengärten, in denen man wie früher mit Auge, Nase und Mund in herrlichen Genüssen schwelgen kann. Die meisten findet man in England und Frankreich, wo der Besucher fasziniert und staunend direkt in die Zeit der Entdeckungsreisen und der Pflanzensammler wechseln kann.

◀ Jede Gemüseart erhält durch Buchshecken einen besonderen Rahmen. Die Rosen repräsentieren einen Mönch, der seine Parzelle pflegt.

Villandry – der schönste Gemüsegarten der Welt

Wer ein Auge dafür hat, findet viele Gemüse wunderschön. Weil sich der Erbauer des Loireschlosses Villandry nicht satt sehen konnte an seinen neuen und überaus dekorativen Nutzpflanzen, schuf er extra für sie einen luxuriösen Garten.

Vom Fenster aus wollte Jean le Breton, Finanzminister des französischen Königs Franz I., täglich das Wachstum seiner neuen Kürbisse, Salate und Maispflanzen aus Amerika verfolgen. Kurzerhand erhielt das Renaissanceschloss Villandry aus dem 16. Jahrhundert einen von Kanälen umrahmten prächtigen Garten, in dem sich Gemüse, Obst und Kräuter von ihrer dekorativsten Seite zeigten. Blumen spielten damals noch eine untergeordnete Rolle.

Der Schlossgarten von Villandry ist rund ums Jahr sehenswert. Novembernebel hebt sich und taucht die Beete mit Spätgemüse wie Lauch und Zierkohl in ein geheimnisvolles Licht.

Nach Jahrhunderten des Verfalls entstand das berühmte Kleinod zwischen 1906 und 1920 nach historischen Vorbildern an alter Stelle neu und kann besichtigt werden.

Die Stars der Gärten sind Gemüse

Das 12 500 Quadratmeter große Areal gilt als schönster Nutzgarten der Welt. Die Beete in streng geometrisch gehaltenen Mustern werden zweimal im Jahr, im März und im Juni, nach ausgeklügelten Plänen bepflanzt.

Mehr als 100 000 Gemüsepflanzen dürfen sich in buchsgesäumten rechteckigen Beeten entfalten, die noch immer an alte Klosterbräuche erinnern. Ein Bäumchen in jedem Karree symbolisiert den Mönch bei der Aufgabe, sein Quartier in gutem Zustand zu halten. Zusammen bilden sie neun große Beete, die alle nach einem besonderen Muster gestaltet sind.

Am Ende eines warmen Tages bringt das sanft einfallende Licht Formen und Farben der Gemüse optimal zur Geltung.

Dann erglühen die Stiele des Ziermangolds in leuchtendem Rot, die breiten Blätter des noch immer gebräuchlichen Lauchs ‘Bleu de Solaise’ bestechen mit silbrig-violettem Kontrast, Kürbisfrüchte überraschen durch skurrile Formen, und Salate variieren von hellem Grün zu Bronzerot. Hohe Wuchsformen wechseln sich ab mit niedrigen oder runden und rufen damit optische Spannung hervor.

Was die grünen und bunten Salatköpfe im Frühsommer bewirken, bietet der rote, weiße oder violette Zierkohl in der zweiten Jahreshälfte. Ein Beispiel, das sich in jedem Garten nachvollziehen lässt.

Informationen über den Garten von Villandry finden Sie auf Seite 92.

Der erste Zierkohl gelangte Ende des 19. Jahrhunderts nach Europa. Heute gibt es wunderschöne Hybriden.

Augenschmaus und Gaumenfreude

Entdecker und Pflanzenjäger, die in Amerika, Afrika und Asien nach Neuem suchten, regten das Interesse an neuartigen Pflanzen an. Auf Veranlassung von Kaisern, Königen und Kirchenfürsten wurden botanische Gärten gegründet. Der Adel und wohlhabende Bürger (z. B. die Fugger in Augsburg) begannen ab dem 16. Jahrhundert mit der Sammlung von interessanten Kräutern, Nutz- und Zierpflanzen zu wetteifern.
Mit unserem heutigen Pflanzenverständnis waren diese Gärten der Renaissance und des Barocks freilich kaum zu vergleichen. Es handelte sich eher um kunstvoll angelegte, sorgfältig gepflegte und mit allerhand Absonderlichkeiten ausgestattete Pflanzen-»Zoos« oder aber um mehr oder weniger dem Volk zugängliche Vergnügungsparks ähnlich dem Tivoli und Euro-Disney, die ja bekanntlich ebenfalls über sorgfältig gepflegte und prächtige Gartenanlagen verfügen.
Schon eher waren die Gärten und Gärtnereien des Landadels und des gehobenen Bürgertums an praktischen Gesichtspunkten ausgerichtet. Zur Ernährung wurden Obst und Gemüse gebraucht, die Blumenbeete lieferten Sträuße für festliche Anlässe und für die Kirche. Gewürzkräuter wurden für die Küche benötigt, Arzneipflanzen waren wichtig zur Linderung vieler Gebrechen. Selbstversorgung stand obenan, sogar auf herrschaftlichen Gütern. Obendrein bildete der Garten den passenden Rahmen für fröhliche Feste, auf denen man so exoti-

Ananas, ein Spitzenprodukt der Gärtnerkunst, wurde in Gewächshäusern kultiviert.
Durch Kindel (an der Basis der Pflanzen entspringende Seitensprosse) gelangte man zu Jungpflanzen, die im Herbst noch bewurzelten und in gepackten Mistbeetkästen frostfrei überwinterten. Der 1. Sommer diente dem Pflanzenwachstum, danach wurden die in Misterde und Moos getopften Ananaspflanzen in Gewächshäuser gebracht und bei 25–30 °C gehalten. Frühestens im 2., meist aber erst im 3. Sommer erschienen die wohlschmeckenden Früchte (= verdickte Blütenstände) mit den typischen Blattschöpfen.

Die Ananas galt als besondere Köstlichkeit und ihre Kultur als Krönung der Gärtnerkunst.

sche und schwierig zu erzeugende Extras wie Artischocken, Melonen oder Ananas gebührend bewundern und kosten konnte. Nicht nur Friedrich der Große war für seine Vorliebe für südliche Zitrusgewächse, Spalier- und Zwergobst, Reben an Spalieren und in Töpfen, Feigen und exotische Ananas bekannt.

Küchenkräuter

Mit Kräutern war es in deutschen Landen anfangs nicht zum Besten bestellt. Keine Spur von der heutigen Vielfalt, die in Spezialgärtnereien dank weltweit gesammelter Aromapflanzen leicht mehrere Hundert Arten und Sorten erreicht. Haushaltsbücher weisen nach, dass sich die Zahl der verwendeten Kräuter auf das beschränkte, was in der Gegend wuchs; meist nicht mehr als 6 bis 10 gängige Arten. Doch diese konnten sehr unterschiedlich sein, was die regionale Küche noch heute prägt. Manche Spezialität hat auf diese Weise Zeiten von Not, Krieg und Gleichgültigkeit gegenüber kulinarischen Genüssen überdauert und damit das Potenzial, größere Beliebtheit zu gewinnen. Salatrauke, Rucola, und Bärlauch sind die wohl bekanntesten Beispiele. Erst nach Aufkommen der Eisenbahn fanden fremde Einflüsse von der Oberschicht her kommend den Weg allmählich in die Kochtöpfe der »feinen« Küche. Die Speisen des Bürgertums und des einfachen Volkes muss man sich jedoch weiterhin recht bodenständig vorstellen. So wurden in einem »besseren« Hamburger Haushalt der Kaiserzeit folgende Küchenkräuter verwendet: Dill, Kerbel, Boretsch, einjähriger Majoran, Sauerampfer, Petersilie (Mooskrause) und Wurzelpetersilie, Bohnenkraut, Senf und Schnittlauch.

Buntes Allerlei aus dem Gemüsebeet

Etwas besser sah es in den Gemüsegärten aus. Zwar waren nach einer Erhebung aus dem Jahre 1878 nicht weniger als zwei Drittel des deutschen Gemüsebaus den Kohlarten zuzuordnen, insbesondere dem Weißkohl, und danach den verschiedenen Rüben. Doch kamen durch die neu erworbenen Kolonien in Afrika und im Pazifik viele bis dahin unbekannte Gemüse ins Land, die vom Bürgertum und vom Adel gerne aufgegriffen und ausprobiert wurden. Süßkartoffeln, Spargelerbsen, Malabarspinat, Topinambur, Gurkenspezialitäten und Zuckermelonen galten als besonders fein und wurden mit Liebe kultiviert. Rote, weiße, violette und schwarze Gemüse waren gang und gäbe und nahmen einen wichtigen Platz in den Samen- und Pflanzenkatalogen ein. Sie wichen erst nach den Kriegen dem üblichen Einheitsgrün. Heute sind solche Sorten als Ziergemüse wieder geschätzt. So tauchen schwarzviolette Möhren – Eltern der heute üblichen orangeroten Karotten –, gelbe und weiße Rüben (natürlich in verbesserter Qualität) als letzter Schrei wieder unter den Neuheiten auf, ebenfalls weiße, orange und gestreifte Rote Bete sowie Mangold in allen bunten Regenbogenfarben. Man kann ihn essen oder als Ziergemüse in Beete pflanzen.

Romantische Bauern- und Bürgergärten

Der Ziergarten war gewöhnlich Domäne der Dame des Hauses. Mit duftenden Rosen und farbenprächtigen, abwechslungsreichen Blumenrabatten ausgestattet, romantisch angelegt und mit Gartenlauben oder Pavillons versehen, galt er im 19. Jahrhundert wie heute wieder als Ort für Kurzweil und Erholung, aber auch als sorgfältig gepflegtes Vorzeigeobjekt. Auch die nach fröhlicher, unbeschwerter und lässiger Heiterkeit aussehenden Bauerngärten wurden strikt frei von Unkraut gehalten. Mit Buchs- oder niedrigen Blütenhecken gesäumt und mit praktischen Kieswegen ausgestattet, glichen sie eher einem der zurzeit so bewunderten, aber mit viel Überlegung bepflanzten englischen Gärten als einem Ökoobjekt. Die Umsetzung fortschrittlicher Gedanken – etwa in den noch heute so faszinierenden, die Natur nachahmenden Landschaftsgärten des berühmten Gartenarchitekten Peter Joseph Lenné – fand eher in einem aufwändigeren Rahmen statt.

Ein buntes Teppichbeet in der nach alten Plänen renovierten Kölner »Flora«.
Die Anlage wurde vom berühmten Gartenkünstler Peter Joseph Lenné entworfen.

Ein weites Experimentierfeld

Im Bürger- und Bauerngarten wurde fleißig probiert und experimentiert, aus Samen angezogen, getauscht und vermehrt. Was sich bewährte, fand Eingang und bildet noch heute den Grundstock für die Sortimente von Stauden- und Schnittblumen im Bauerngarten. Als Sammler aber schaute man genauer hin und hatte seine Freude an ungewöhnlichen Pflanzenspezialitäten wie gefüllten Duftveilchen (einst poetisch besungener Verkaufsschlager), gefüllten Maiglöckchen, Primeln oder Aurikeln, an duftenden Nelken (einst große Mode), an absonderlichen Formen von Mohn, gestreiften Tulpen, Riesengräsern und an seltsam genarbten Zierkürbissen, die auch heute wieder aktuell und sehr gefragt sind. Zieht man alte Kataloge zu Rate, war das Angebot an speziellen Blumen- und Staudensorten 5–6-mal so groß wie heute. Doch verspielte Rosenbögen, Pyramiden, Obelisken und Lauben, Pavillons und Gartenhäuser im romantisch verbrämten Stil der Belle Époque, des Jugendstils und der Kaiserzeit lassen diese Vergangenheit wieder aufleben – samt den schon damals so beliebten Pflanzen mit Mittelmeerflair, Rank- und Kletterpflanzen.

auf einen blick

- Exotische Gemüse und Blumen fanden in wohlhabenden Kreisen viel Aufmerksamkeit. Was sich bewährte, gelangte auch in Bürger- und Bauerngärten.
- Französische Vorbilder wirkten lange nach. Zur Kaiserzeit gewann der natürlichere englische Gartenstil Einfluss.

Pflanzenschätze vergangener Zeiten

Es lohnt sich durchaus, in Überliefertem zu kramen. Die Botanik sowie die schöpferische Kunst der Gärtner haben noch viele verborgene Gartenschätze zu bieten und sind dabei aktueller, als man denkt. Lassen Sie sich verzaubern vom nostalgischen Flair alter Bauern- und Cottagegärten.

Alte Staudensorten

Die Vorliebe für die mehrjährigen Stauden ist in vielen Ländern verbreitet. Die Schönsten aus der Wildvegetation fanden auf der ganzen Welt den Weg in die Gärten und Parks, wo sie sich mit all ihren Vorzügen präsentieren konnten. Sie waren beliebte Mitbringsel aus fernen Ländern und Handelsobjekte, mit denen sich zunächst Wohlhabende, später auch normale Bürger die Beete schmückten. Besonders gefragt ist immer das, was aus der normalen Rolle fällt. So kommt es, dass auch heute noch gefüllte, geschlitzte und anders veränderte Formen von Primeln, Veilchen, Akeleien, Löwenmäulchen oder Zwiebelblumen Aufsehen und Nachfrage erregen.

◀ Hecken aus Buchs, Kieswege und exakte Einfassungen sind typisch für Gärten des 19. Jahrhunderts.

Akelei
Aquilegia vulgaris

Ist sie die viel gerühmte »blaue Blume der Romantik«, die Dichter aus der Biedermeierzeit besangen? Auf jeden Fall zählten die in deutschen Wäldern heimische dunkelblaue »Elfenblume« *(Aquilegia vulgaris)* und die fast schwarze *A. atrata* zu den Lieblingsgartenblumen des 18. und 19. Jahrhunderts. Man sagt der Akelei große Wirkungen in Liebesangelegenheiten nach. Kein Wunder, denn besonders die alten Sorten wie die englische 'Nora Barlow' (Rose Columbine, dicht gefüllte Blüten, grün-rot) aus dem späten 16. Jahrhundert und die aus dem 19. Jahrhundert stammende 'Pompons Mixed' (Blüten wie ein Petticoat gerüscht, hellrosa, gelb bis dunkelkarmin) haben nichts von ihrem bezaubernden Charme eingebüßt. Beide sind blühwillig und robust.

Von Akeleien kann man nie genug haben. Neben der rosa 'Nora Barlow' gibt es noch weitere historische Sorten.

Höhe: 50–70 cm.
Blütezeit: Mai–Juni.
Tipp: Die winterharte Schnitt- und Beetstaude gedeiht auf lehmigen Böden gut in Bauerngärten und sieht besonders unter lichten Sträuchern bezaubernd aus. Die Anzucht aus Samen und Teilung im Herbst gelingen leicht.

Aurikel
Primula × pubescens* und *P. auricula

»Staubige Müller« (Dusty Miller) werden diese wunderschönen

Die zauberhaften Gartenaurikeln *(Primula auricula, Primula × pubescens)* lieben Halbschatten.

Die Brennende Liebe zählt zu den beliebtesten der alten Bauerngartenblumen aus dem Biedermeier.

Schlüsselblumen aus dem südamerikanischen Patagonien genannt, auf die viele der so anrührend in den Frühling schauenden Sorten zurückgehen. Über 500 sollen es seit Beginn des englischen Aurikel-Booms sein, der um 1750 begann und immer noch neue Züchtungen hervorbringt. Viele davon sind empfindliche Sammlerstücke, die mit Überbauung vor allzu viel Regen und greller Sonne geschützt werden müssen. Das wichtigste Ziel sind möglichst stark bemehlte Blüten.
Wer Aurikeln im Garten kultivieren möchte, geht mit der in den Alpen heimischen goldgelben Wildform oder mit Gartenaurikeln aus Gärtnereien oder Gartencentern *(Primula × pubescens)* kein Risiko ein. Besonders ausdrucksvolle Züchtungen sind z. B. 'Pot of Gold' (gelb-weiß), 'Blue Steel' (blau-weiß), 'Camelot' (weinrot, gefüllt).
Höhe: ca. 15 cm.
Blütezeit: Mai–Juni.
Tipp: Aurikeln eignen sich gut für Steingärten, Schalen, Beete und Tröge im Halbschatten. Wichtig sind durchlässige, humose Böden. Mischen Sie etwas Kalk hinzu. Die Anzucht kann aus Samen erfolgen. Auch das Teilen älterer Pflanzen im Juni/Juli ist möglich.

Brennende Liebe
Lychnis chalcedonica

Die knallroten Blütenstände dieser alten Bauerngartenstaude aus Kleinasien haben schon preußische Kurfürsten erfreut. Sie setzt im Juni/Juli auffällige Akzente in sonnigen Rabatten und in bunten Sommersträußen. Insbesondere zu den gleichzeitig blühenden Ritterspornen und Margeriten passt sie ausgezeichnet.
Höhe: 60–70 cm.
Blütezeit: Juni–Juli.
Tipp: Zwar blüht die Brennende Liebe nach Rückschnitt noch einmal, doch der erste Blütenschub ist am schönsten. Sie liebt sandig-humosen, durchlässigen Boden, darf aber nicht austrocknen. Geben Sie den straffen Stielen etwas Halt.

Brennender Busch, Diptam
Dictamnus albus

Schon in der Bibel wird diese Pflanze aus Kleinasien erwähnt. Ihr Name rührt vermutlich daher, dass Stängel, Blumenkelche und Früchte mit kurzen Haaren bedeckt sind, die ein leicht flüchtiges Öl abscheiden. Bei großer Hitze oder feuchtwarmem Wetter kann sich dieses Öl plötzlich

entzünden, so dass die ganze Pflanze für einige Augenblicke in Flammen steht. Der aromatisch duftende Diptam wurde von Kreuzfahrern nach Europa mitgebracht und hat sich seitdem in den Gärten behauptet. Die Blüten sind rosarot geadert, bisweilen auch weiß. Diptam gedeiht am besten an sonniger Stelle auf kalkreichem Boden.
Höhe: 120 cm.
Blütezeit: Mai–Juni.
Tipp: Die Pflanzen sind in allen Teilen stark giftig. Schmetterlinge und Insekten finden sich hier in Mengen ein.

Diptam, der Brennende Busch aus der Bibel, wurde von Kreuzfahrern aus Kleinasien mitgebracht. Bei heißem Wetter kann sich sein Duftöl aus Blättern und Stielen entzünden.

Fetthenne, Oktoberli
Sedum sieboldii

Es gibt wenige Stauden, die noch ganz spät im Jahr zur Blüte kommen. Dazu gehört die Fetthenne, die vor allem in Süddeutschland und in der Schweiz in Töpfen auf dem Fenstersims, im Balkonkasten, in Ampeln oder im Steingarten auf die letzten Schmetterlinge, Bienen und Hummeln wartet. Ihre zierlichen rosa Blütchen fallen wenig auf, doch mit den gelb gefleckten oder blaugrünen Blättern macht die zierliche, 15 cm hohe Pflanze mit ihren weichen Trieben einen gefälligen Eindruck.
Höhe: 15 cm.
Blütezeit: Ende September bis November
Tipp: Jahrelang fast vergessen, aber jetzt durch neue Sorten sehr aktuell geworden, sind kräftig wachsende Fetthennen wie *Sedum spectabile* und *Sedum telephium* 'Matrona'. Sie zeichnen sich aus durch robusten Wuchs und fleischige Blätter. Leicht überstehen sie Trockenheit und gedeihen selbst auf schlechtesten Böden. Ihre großen rosa Blütenpolster sind ein wahres Eldorado für zahlreiche Schmetterlingsarten und andere Insekten. Höhe 50–60 cm, Blütezeit September– Oktober.

Goldlack
Erysimum cheiri

Vom Mittelmeer stammt der Goldlack, eine der ältesten Gartenpflanzen und seit undenklichen Zeiten wegen des vollen süßen Duftes und der warmen Blütenfarben in Gelb, Braun, Rot oder Purpurrot geschätzt.

Der herrlich süß und schwer duftende Goldlack darf in keinem nostalgischen Garten fehlen. Gegen Auswintern durch scharfe Fröste hilft das Abdecken mit Reisig.

Hornveilchen sind dankbare und lange blühende Stauden für den Halbschatten und Schatten. Besonders lange und dicht wie ein Rasen blühen sterile Sorten wie 'Gelber Prinz'.

Kreuzfahrer haben ihn in ihre Burggärten mitgebracht, wo man die Wildformen heute noch an alten Gemäuern antreffen kann. Als Beet- und Schnittblume findet man den mäßig winterharten Goldlack in Bauerngärten. Weil er so spät im Mai blüht, passt er wunderbar zu späten Tulpen (z. B. Lilienblütigen), Tausenschön *(Bellis)*, Islandmohn, Vergissmeinnicht und Stiefmütterchen. Goldlack sieht besonders nostalgisch in Terrakotta und vor Mauern aus.
Höhe: 30–40 cm.
Blütezeit: Mai–Juni.
Tipp: Der zweijährig bis ausdauernd wachsende Goldlack braucht etwas Winterschutz durch Reisig. Pflanzen Sie ihn in Sitzplatznähe, dann werden Sie lange in herrlichen Düften schwelgen.

Hornveilchen
Viola cornuta

Jahrelang standen die ausdauernd wachsenden Frühjahrs- und Sommerblüher im Schatten ihre großblumigen Schwestern, den nahe verwandten Stiefmütterchen *(Viola wittrockiana)*. Dank vieler neuer Kreuzungen hat sich das Blatt inzwischen jedoch gründlich gewendet. »Kleiner ist feiner«, heißt jetzt das Motto, und so begegnen uns die bislang eher beiläufig notierten Hornveilchen in zauberhaften Farben und enormer Blütenfülle auf Beeten, in Töpfen, Ampeln und Balkonkästen. Im Gegensatz zu früher kann man sie auch nicht nur im Sommer aussäen, sondern zu fast jeder Jahreszeit. 4 Monate später beginnen sie zu blühen.
Höhe: 15 cm.
Blütezeit: März–Oktober.
Tipp: In England ein pflegeleichter Standardblüher für den ganzen Sommer, bei uns jedoch noch wenig bekannt, sind nur als Pflanze erhältliche Sorten wie 'Gelber Prinz' (gelb gefleckt) und 'Hansa' (dunkelblau). Weil sie steril sind, setzen diese Sorten keinen Samen an und blühen unermüdlich und dicht wie ein Teppich weiter.

Türkenbundlilie
Lilium martagon

Es ist kaum zu glauben, aber diese so exotisch anmutende Bauengarten-Lilie ist in Deutschland auf Kalkboden heimisch, gedeiht aber genauso gut in jeder anderen Gartenerde. Ihre

zierlichen, turbanartig hochgebogenen Blütchen an langem Stiel zeigen ein märchenhaftes Farbenspiel, das an 1001 Nacht erinnert. Türkenbund und die weiße Madonnenlilie *(Lilium candidum)* haben schon die Burggärten der Kreuzfahrerzeit geschmückt, sind aber immer noch ein Geheimtipp, der auf seinen großen Auftritt wartet.
Höhe: 80–100 cm.
Blütezeit: Juni–Juli.

Kaum zu glauben, dass die prächtig gezeichnete Türkenbundlilie *(Lilium martagon)* bei uns heimisch ist.

Tipp: Beide Lilien-Arten gedeihen auf Lehmboden, solange er durchlässig ist. Die angenehm duftenden weißen Madonnenlilien haben eine Bedeutung als Kirchenschmuck. Ideale Partner sind rote Rosen, die zur gleichen Zeit blühen. Weil sie noch vor dem Winter ihre Blätter treiben, pflanzt man sie schon im August.

Stockmalve
Alcea rosea

Die zweijährige Stockmalve (Stockrose) kann an einem geschützten Standort – vor Mauern, an Zäunen oder in Gruppen zwischen Sommerblumen gepflanzt – bis 2 m Höhe erreichen. Diese typischen Landhausblumen gedeihen sehr leicht, vor allem auf sandigen, durchlässigen Böden. An ungünstigen Standorten muss man sie im Hochsommer jeweils für die Blüte im nächsten Jahr aussäen und heranziehen. In der Praxis ist dies freilich kaum nötig, denn die Pflanzen schlagen immer wieder mit neuen Trieben aus. Besonders beliebt waren früher die dicht gefüllten, rosenartigen Blüten (z. B. 'Chartes Double Red'). Heute dominieren einfach blühende Sorten.
Höhe: 140–200 cm.

Stockmalven sind typische Bauerngartenblumen, besonders gefüllte Sorten wie 'Charter's Double Red'.

Blütezeit: Juli–September.
Tipp: Empfehlenswert sind auch die nahe verwandten, in Deutschland wild vorkommenden Moschusmalven *(Malva moschata)*, die 60 cm hohe, üppig blühende Büsche mit hellrosa Blüten bilden, und die noch wenig bekannte Thüringer Malve *(Lavatera thuringiensis)*, die 150 cm hohe Büsche formt und mit großen dunkelrosa Blüten aufwartet.

Der Türkenmohn zeigt seine ganze Pracht im Frühsommer. Er zieht nach der Blüte ein und macht dann Platz für Sommerblüher. Damit keine Lücken entstehen, nie am Beetrand pflanzen.

Duftnelken waren schon zu Dürers Zeiten sehr beliebt. Nur wenige historische Sorten haben überlebt.

Türkenmohn, Orientalischer Mohn *Papaver orientale*

Roter Mohn im üppig blühenden Garten: Kann man sich einen sonnigen Natur- oder Bauerngarten ohne Mohn vorstellen? Wohl kaum. Gleichzeitig mit den Blüten von Lupine, Rittersporn und Margeriten quellen aus dicken, behaarten Knospen zerknitterte, aber in leuchtenden Farben glänzende Blütenblätter und formen sich zu riesigen, auffälligen Blüten. Der Orientalische oder Türkenmohn zählt zu den beliebtesten Stauden im Frühsommergarten. Die üppigen Pflanzen lieben wie alle Mohnarten tiefgründig gelockerte, eher sandige Böden. Schon bald nach der Blüte ziehen sie ein und machen Platz für Sonnenhut oder Astern, die ab Sommer den frei werdenden Platz einnehmen.

Höhe: 60 cm.
Blütezeit: Mai–Juni.

Duft-Nelken *Dianthus*

Die »Naegeli« haben ihre große Zeit lange hinter sich und warten jetzt auf einen Prinzen, der diese sympathische Gattung mit neuen Anstößen zurück zur einstigen Beliebtheit führt. Ein markanter, angenehmer Duft und ausdrucksvoll gezeichnete Blüten machten sie vom 15. bis 19. Jahrhundert zu begehrten Sammlerobjekten. Es gab Hunderte von Sorten. Erst in den letzten Jahren büßten sie ihre Beliebtheit ein. Ob Karthäusernelken *(Dianthus carthusianorum)* aus Klostergärten, die heimischen Heidenelken *(Dianthus deltoides)* mit ihrem Wildblumencharakter, die herrlich süß-aromatischen Prachtnelken *(Dianthus superbus),* Federnelken *(Dianthus plumarius)* aus Bauerngärten, Pfingstnelken *(Dianthus caesius),* die berühm-

ten Gebirgshängenelken (die gewünschte reiche Blüte lässt sich allerdings nur in den Hochalpen erzielen) oder die edlen Garten- und Gewächshausnelken *(Dianthus caryophyllus)* – sie alle duften angenehm intensiv und können mit hübschen Blüten aufwarten. Sind sie einmal angewachsen, halten sie an ihrem Standort lange Zeit aus und bilden mit der Zeit immer üppigere Bestände.
Ein Gewinn für Rabatten und Schnittblumenbeete sind auch intensiv duftende Bartnelken *(Dianthus barbatus)*. Gärtner zählen diese beliebten Bauerngartenblumen zu den Zweijährigen, die man im Hochsommer sät, damit sie im nächsten Jahr für leuchtende Farbenpracht sorgen.
Höhe: 40–60 cm.
Blütezeit: Juni–September.
Tipp: Mit neuen Züchtungen wie z. B. 'Bodestolz' kann man sich die lange Anzucht sparen. Sät man im Februar/März aus, kommt sie noch im Sommer zur Blüte.

Netzblatt-Pfingstrose
Paeonia tenuifolia

Die aus Kleinasien stammende Netzblatt-Pfingstrose ist vermutlich schon seit Kreuzfahrerzeiten in Kultur und noch immer eine Rarität. Ihre tief geschlitzten, glänzend grünen Blätter machen die ca. 50 cm hohe Staude auch dann attraktiv, wenn sie gerade nicht blüht. Jeder Stängel trägt nur eine der gefüllten karminroten oder rosa Blüten.
Viel bekannter sind die in den Gebirgen Süd- und Mitteleuropas heimischen Bauernpfingstrosen *(Paeonia officinalis)*. Sie wurden schon im Mittelalter in die Gärten geholt und brachten mehrere Sorten hervor wie z. B. 'Plena' (dunkelrot), 'Alba Plena' (weiß) und 'Carnea Plena' (rosa). Etwas niedriger im Wuchs (ca. 40 cm) ist die Kleine Bauernpfingstrose *(Paeonia humilis)*. Die Blütezeit beider Arten ist kürzer als bei den stark verbreiteten Hybrid-Päonien (früher *Paeonia lactiflora)*, dafür entschädigt ihr herrlicher Duft.
Höhe: 40–50 cm.
Blütezeit: Mai–Juni.
Tipp: Geben Sie diesen Pflanzen einen sonnigen, luftigen Standort im Bauerngarten oder rund ums Haus und einen lehmig-kalkreichen Boden. Werden Pfingstrosen nicht gestört, entwickeln sie mit der Zeit dichte Horste mit zahlreichen Blüten. Die beste Pflanzzeit ist im Herbst.

Netzblatt-Pfingstrosen sind heute fast unbekannt und nur noch in wenigen Bauerngärten zu finden.

Persische Ranunkeln
Ranunculus asiaticus

Kein Geringerer als der bekannte Clusius (der Vater der holländischen Tulpen) war es, der Ende des 16. Jahrhunderts die ersten gefüllt blühenden Ranunkeln aus der Türkei nach Europa brachte. Sie wirken wie gefüllte Mohnblüten und zeigen herrlich bunte Farben. Sie blühen im Garten an sonniger Stelle von Ende Mai bis Juli und bringen

aus Knollen immer neue Blüten hervor, die man auch gut für die Vase verwenden kann. Die Knollen sind nicht ganz winterhart und müssen entweder im Herbst entnommen werden oder brauchen 10 cm Abdeckung durch Kompost oder Laub. Weichen Sie die erdbraunen Knollen vor dem Auspflanzen über Nacht ein. Pflanzabstand ist ca. 15 cm.
Höhe: ca. 20 cm.
Blütezeit: Mai–Juli.
Tipp: Speziell für die gärtnerische Topfkultur und Schnittzwecke wurden aus Samen vermehrbare langstielige, kräftig wachsende »Turban-Ranunkeln« gezüchtet mit großen Blüten ('Bloomingdale-Hybriden'), die uns beim Gärtner und Floristen begegnen.
Nahe verwandt ist das heimische Scharbockskraut *(Ranunculus ficaria)*. Während die einfach blühende Art zwar als hübscher goldgelber Bodendecker, gleichzeitig aber auch als sich heftig verbreitendes Unkraut gilt, gibt es mit der sterilen gefüllt blühenden 'Flore Pleno' nicht die geringsten Probleme. Die frühe Blütezeit liegt im April. Schon im Juni vergilben die frischgrünen Blätter und machen den Platz für andere Blütenpflanzen frei.

Turban-Ranunkeln haben schon immer fasziniert. 'Bloomingdale-Hybriden' bringen den Zauber dieser beliebten Beet-, Topf- und Schnittblume zu höchster Vollendung.

Tränendes Herz
Dicentra spectabilis

Mit ihren herzförmigen rosaweißen Blütchen sieht sie so aus, als wäre sie schon lange Dauergast im Frühlingsgarten. Dabei gelangte die zierliche Pflanze erst nach 1850 aus den kaiserlichen Gärten Chinas nach Europa. Mit ihrem romantischen Aussehen war ihr Erfolg vorprogrammiert, und so wurde sie fleißig geteilt und über den Zaun gereicht. Mit dem Trend für edle weiße Gärten wurde auch die Form 'Alba' ein Hit.
Höhe: 50–60 cm.
Blütezeit: Mai–Juni.
Tipp: Geben Sie dem Tränenden Herz einen feuchten, humosen Boden und Halbschatten. Gute Nachbarn sind Funkien *(Hosta)* und das Sibirische Tellerkraut *(Claytonia sibirica)*. Das Tränende Herz gedeiht auch gut als Topfstaude in Gefäßen.

Duftveilchen
Viola odorata

Vielleicht war es die Blumenliebhaberin Josephine Beauharnais, die den Anlass gab für die enorme Popularität, die das bescheidene Blümchen mit dem wundervollen Duft im 20. Jahrhundert erreichte.

Tränende Herzen stammen aus China, doch sie passen so gut in Bauerngärten, als wären sie schon immer dagewesen. Nach der Blüte ziehen die Triebe ein und machen Platz für Herbstblüher.

Jedenfalls ist überliefert, dass sie einen Veilchenkranz zum Ballkleid trug, als Napoleon sich unsterblich in sie verliebte. Fortan schickte er ihr stets Veilchensträuße von den Schlachtfeldern, und das Veilchen wurde zum Emblem der Bonapartisten. Als am Hochzeitstag 1808 die Veilchen ausblieben, wusste die Kaiserin, die ihrem Gatten keine Kinder mehr schenken konnte, dass die Romanze zu Ende war. Karl Foerster schwärmte von Wolken kühler, warmer und heißer Veilchendüfte, und Goethe streute bei seinen Spaziergängen stets Veilchensamen aus, um seine geliebte Pflanze zu verbreiten. Die Römer wussten, dass man mit Veilchen den Kater nach durchzechter Nacht bekämpfen kann, und in der Aromatherapie dämpfen Veilchen die Aggressionen.

Einst gab es Hunderte von blauen, purpurroten und weißen einfachen und gefüllten Veilchensorten (z. B. 'Königin Charlotte', hellviolett), doch die meisten sind wieder verschwunden. Süßer Duft ist nur dem heimischen Garten-Duftveilchen *(Viola odorata)* beschieden. Die Pflanzen breiten sich an feuchter, schattiger Stelle durch Ausläufer rasenartig aus, auch werden die ölhaltigen Samen (z. B. in der Blumenwiese) von Ameisen weitergetragen.

Höhe: ca. 10 cm.

Blütezeit: Ende Februar–Anfang April.

Tipp: Bekannte alte Sorten sind z. B. Gefülltes Duftveilchen – *Viola odorata* 'Flore Pleno' (schön altmodisch, blauviolett, stark duftend), 'Königin Charlotte' (für Zimmer und Garten; Blüten und Blätter duften, zur Parfumgewinnung, gilt als Fruchtbarkeitssymbol), 'Red Charme' (Blüten und Blätter duften, mit rötlichen Blüten), 'Reine Blanche' (dicht gefüllt, mit starkem Duft), 'Sulphurea' (Farbe gelb bis apricot) – und das Parmaveilchen – *Viola suavis* 'Duchesse de Parme' (wiederentdecktes Modeveilchen der Pariser Gesellschaft im vorletzten Jahrhundert, sehr starker Duft, gefüllt, auch fürs Zimmer). Veilchenblüten sind essbar. Besonders gezuckert und kandiert sind sie eine Delikatesse für Gebäck und zu Cocktails.

Das dicht gefüllte Parmaveilchen war eine Modepflanze und wurde sogar als Zimmerpflanze geschätzt.

Blumenzwiebeln mit altem Charme

Die ersten Tulpen wurden an chinesischen Fürstenhöfen kultiviert. Der Seidenstraße folgend, gelangten sie zusammen mit anderen Zwiebelblumen nach Persien und in die Türkei, wo am Hofe Suleimans des Prächtigen alljährlich 500.000 Exemplare blühten. Begeisterung für die Orientalen flammte zunächst in Holland auf. Schon früh zeigte sich die enorme Vielfalt der Tulpe in Farben und Formen, die noch heute für Interesse sorgt.

Frühlingsdüfte genießen zwischen herrlichen Dichternarzissen – ein Traum, der sich leicht erfüllen lässt. Starten Sie im Herbst mit einigen Hundert Zwiebeln; bald werden es viel mehr sein.

Die alte Narzisse 'Rip van Winkle'.

Gefüllte Narzissen
Narcissus nanus* var. *plenus
'Rip van Winkle'

Wie die Abbildungen berühmter Maler zeigen, hatten Gartenliebhaber früherer Zeiten besonderes Interesse an Abweichungen von der Norm und betrachteten diese als besonders wertvoll. So mag auch die niedrige gefüllte Narzissensorte 'Rip van Winkle' mit hellgelben Blütenblättern am Rand und dunkelgelben in der Mitte (es sind Umwandlungen der Staubgefäße) zu ihrem Ruf gekommen sein. Schon Anfang des 16. Jahrhunderts fand sie in England Erwähnung und wurde 1850 in einem irischen Garten wiederentdeckt. Bis man in größerem Maße an diesem Gartenschatz Gefallen fand, vergingen allerdings weitere 140 Jahre.

Höhe: ca. 15 cm.

Blütezeit: März–April.

Tipp: Narzissen sind in verschiedenen Formen in ganz Europa heimisch und fanden so den Weg in die Gärten. Berühmt sind die von Loki Schmidt und der Universität Bonn durch die Umwandlung eines Waldes geretteten Narzissenwiesen, voll mit der gelben niedrigen **Trompetennarzisse** *(Narcissus pseudonarcissus)* an der belgischen

Grenze, am Perlebach in der Hocheifel oder im Schweizer Jura. Die weiße, süß duftende **Dichternarzisse** *(Narcissus poeticus* var. *recurvus)* kommt noch massenhaft in den Alpen (oberhalb von Montreux am Genfer See, Schweiz), in der französischen Ardèche und im Salzkammergut (Bad Aussee) vor. Sie eignet sich gut zum Verwildern. Als Kultursorte ist 'Actaea' im Handel. Pflanzzeit ist September/Oktober. Blütezeit April–Mai, Höhe ca. 40 cm.

Hyazinthen
Hyacinthus orientalis

Zusammen mit Tulpen gelangten Hyazinthen 1554 vom Konstantinopler Sultanshof im Diplomatengepäck an den Kaiserlichen Hof nach Wien. Von dort brachte Clusius sie nach Holland, wo später viele bekannte Sorten gezüchtet wurden. Die intensiv duftenden Blütenstände wurden zu viel bestaunten Lieblingen in adeligen und Bürgergärten.
Sie eignen sich besonders für exakte Pflanzungen auf buchsumrandeten Beeten und für Gefäße.
Ihr starker, angenehm süßer Frühlingsduft weckte schon früh die Fantasie und ließ die heute wieder aktuelle Treibmethode auf bauchigen Gläsern entstehen. Damit sie schon im Februar/März blühen, braucht man dicke, durch eine Warm-trocken-Behandlung treibfertig präparierte Zwiebeln. Für spätere Termine genügen auch normale Zwiebeln. Im Oktober oder November füllt man die Gläser bis kurz unter den Rand mit Wasser. Damit die Zwiebeln nicht verfaulen, sollte zum Zwiebelboden noch ca. 1 cm Luft verbleiben. 1 bis 2 Holzkohlebröckchen (von Grillkohle abschaben) sorgen für keimfreies Wasser. Ein aufgesetztes Papphütchen täuscht Dunkelheit im Boden vor. Bei kühlen 8–10 °C bilden sich bald Wurzeln. Ab Februar sorgen die Triebe selbst dafür, dass sich das Hütchen anhebt und entfernt werden kann. Erst dann ans helle und warme Zimmerfenster stellen.
Höhe: 15–20 cm.
Blütezeit: im Freiland Ende März–April.
Tipp: Suchen Sie Pflanzen mit weniger steifem Aussehen für Beete und zum Verwildern, können Sie auf »Multiflorus«-Hyazinthen zurückgreifen. Bei ihnen wurde schon im Jahr vorher der Zwiebelboden verletzt, wodurch sich viele lockere Stängel bilden.

Hyazinthen treiben, ein Spaß aus Großmutters Zeiten.

Multiflorus-Hyazinthen entstehen nach einer alten Methode. Die Zwiebel wird eingeschnitten, der Boden angeschält. So bilden sich viele Blütentriebe.

Weinbergstulpe
Tulipa sylvestris

Wo diese über Samen und Ausläufer vermehrungsfreudige Wildtulpe wirklich herstammt, ist nicht mehr genau festzustellen. Wahrscheinlich gelangte sie mit der Sammlung von Clusius aus Kleinasien nach Wien und Augsburg und von dort nach Holland. Nachdem Clusius' Sammlung diebische Liebhaber fand, kam sie nach Ende des holländischen Tulpenwahns Anfang des 17. Jahrhunderts auch nach Deutschland und ist in süddeutschen Weinbergen heimisch geworden. Fundstellen in Norddeutschland decken sich mit der Ansiedlung von holländischen Kanalbauern, die auch die Kultur von Zwiebelblumen mitbrachten (so gab es um 1740 in Potsdam und Berlin auf sandigem Boden florierende Kulturen).
Die gelbe Weinbergstulpe *(T. sylvestris)* duftet angenehm und blüht üppig. Auf warmen, sandigen Böden vermehrt sie sich reichlich, bildet aber auf nassen Böden und im Schatten nur Laub.
Höhe: 40 cm.
Blütezeit: Mai.
Tipp: Astronomisch hohe Preise wurden zur Zeit der »Tulpomanie« im Hause des Antwerpener Bankiers van der Boerse (daher übrigens die Bezeichnung »Börse«!) für bunt gestreifte und gefleckte Tulpen bezahlt. Diese Veränderungen entstehen durch eine ungefährliche Viruserkrankung. Heute sind diese »Rembrandt-Tulpen« und besonders »Papageien-Tulpen« wieder sehr gefragt. Besonders große und malerische Blüten bringen die Sorten 'Pink Parrot' (rosagrün) und 'Flaming Parrot' (rotgrün) hervor.

Weinbergstulpen kommen wild vor.

Tuberose
Polianthes tuberosa

Dieses mexikanische Agavengewächs war – vor allem wegen ihres starken, jasminähnlich süßen Duftes – zur Kaiserzeit in Deutschland begehrt und erfreut sich heute insbesondere in den USA und England sowohl als Topfpflanze als auch für den Schnitt großer Beliebtheit. Aus einer zwiebelähnlichen Knolle schiebt sich im Sommer eine lockere Blütenähre mit cremeweißen gefüllten Blüten. Sie sind in der Vase und in Gestecken lange haltbar. Die Knollen werden im März in Töpfe mit lockerer Blumenerde gesetzt und erst dann gegossen, wenn die Blätter erscheinen. Die Blüten erscheinen nach ca. 4 Monaten.
Höhe: 50–70 cm.
Blütezeit: Juli–September.
Tipp: Durch Folgesätze bis Mai lässt sich die Blüte bis in den Herbst verlängern.

Tuberosen duften stark.

Typische Stauden und Zwiebelblumen aus alter Zeit

Deutscher Name	Botanischer Name	Blütezeit	Höhe in cm	Pflanzen-abstand in cm	Standort/Bemerkungen
Stauden					
Akelei	*Aquilegia vulgaris*	Mai – Juni	60	30	Sonne bis Schatten
Bergflockenblume	*Centaurea montana*	Mai – Juni	30	30	Sonne bis Schatten
Bartiris, Schwertlilie	*Iris germanica* Barbata-Gruppe	Juni	30 – 60	40	Sonne, empfindlich gegen Torf und zu viel Humus
Brennende Liebe	*Lychnis chalcedonica*	Juli – August	60	30	Sonne bis Halbschatten
Diptam	*Dictamnus albus*	Mai – Juli	50	30	braucht Sonne
Goldlack	*Erysimum cheiri*	Juni – August	–	25	volle Sonne
Himmelsleiter	*Polemonium caeruleum*	Juni – August	70	30	Sonne bis Halbschatten
Hornveilchen	*Viola cornuta*	Juni – August	20	20	Sonne bis Halbschatten
Lupine	*Lupinus polyphyllus*	Mai – Juni	80	40	Sonne bis Halbschatten
Maiglöckchen	*Convallaria majalis*	Mai – Juni	20	10	Schatten
Margerite	*Leucanthemum vulgare*	Juni – August	80	40	Sonne bis Halbschatten
Osterluzei	*Aristolochia clematitis*	Juni – Juli	50	20	Sonne bis Halbschatten
Pechnelke	*Lychnis viscaria*	Mai – Juni	30	30	Sonne
Pfingstrose (Bauern-)	*Paeonia officinalis*	Mai – Juni	60	50	Sonne
Pfirsichblättrige Glockenblume	*Campanula persicifolia*	Juni – Juli	80	40	Sonne bis Halbschatten
Phlox, Staudenphlox	*Phlox*-Paniculata-Hybriden	Juli – September	60	40	Sonne
Schafgarbe (Sumpf-)	*Achillea ptarmica*	Juli – September	80	40	Sonne
Schleierkraut	*Gypsophila paniculata*	Juli – September	40	60	Sonne
Taglilie	*Hemerocallis*-Hybriden	Mai – Juni	80	40	Sonne bis Halbschatten
Tränendes Herz	*Dicentra spectabilis*	April – Mai	60	30	Sonne bis Halbschatten
Türkenmohn	*Papaver orientale*	Mai – Juni	80	40	Sonne
Veilchen (Duft-)	*Viola odorata*	März – April	10	20	Halbschatten bis Schatten
Vexiernelke	*Lychnis coronaria*	Juni – Juli	70	30	Sonne
Zwiebel- und Knollenblumen					
Dahlie	*Dahlia*-Hybriden	Juli – Oktober	30 – 150	40	Sonne
Dichternarzisse	*Narcissus poeticus*	Mai – Juni	40	15	Sonne bis Halbschatten
Feuerlilie	*Lilium bulbiferum*	Juli – August	50	30	Sonne
Narzisse, Osterglocke	*Narcissus*-Hybriden	April – Mai	30	15	Sonne bis Halbschatten
Kaiserkrone	*Fritillaria imperialis*	April – Mai	60	30	Sonne bis Halbschatten
Madonnenlilie	*Lilium candidum*	Juli	80	40	Sonne, nur flach pflanzen
Märzenbecher	*Leucojum vernum*	März – April	15	10	Sonne bis Schatten
Schneeglöckchen	*Galanthus nivalis*	Februar – April	10	5	Sonne bis Schatten
Traubenhyazinthe	*Muscari botryoides*	März – April	15	5	Sonne bis Halbschatten
Türkenbundlilie	*Lilium martagon*	Juli – August	70	30	Sonne bis Schatten

Wiederentdecktes aus dem Reich der Sommerblumen

Im Gegensatz zu Stauden und Gehölzen zaubern einjährige Sommerblumen schon in wenigen Wochen ein wahres Blütenmeer herbei, das überquillt von zarten oder kräftigen Farben und zum Schneiden von dicken Sträußen einlädt. Man kann sie ganz einfach in den Boden säen und bei 10 cm Höhe auf den richtigen Abstand verziehen. Ideale Standorte sind Einfassungen, Beetreihen, Baumscheiben oder Lücken im Staudenbeet.

Einjährige Sommerblumen wie Sonnenhut, Mexikanische Sonnenblumen *(Tithonia)* und Sonnenblumen schmücken Beete preiswert von Juni bis zum Frost mit üppiger Blütenpracht.

Garten-Balsaminen

Balsamine
Impatiens balsamina

Gartenbalsaminen stammen aus China und Indien. Sie sind eng verwandt mit unserem Fleißigen Lieschen *(Impatiens walleriana)*. Die straffen Stiele sind besetzt mit fleischigen großen Blüten in roten, gelben, weißen oder violetten Farben. Vor allem gefüllte Sorten waren beliebt. Man kann Balsaminen im Mai direkt aussäen oder in einem Frühbeet vorziehen und nach den Frösten im Abstand von 20 cm an einer sonnigen, warmen Stelle pflanzen.

Höhe: 30–40 cm.

Blütezeit: Juli–August.

Tipp: Balsaminen haben schmackhafte essbare Blüten. Sie eignen sich für Salate oder zum Dekorieren.

Bauernorchidee, Spaltblume
Schizanthus × wisetonensis

Diese schnell wachsenden Sonnenanbeter aus Chile prunken mit farbenprächtigen, exotisch gezeichneten Blüten, die an Orchideen erinnern. Geben Sie dieser Pflanze einen durchlässigen, sandig-lehmigen Boden, dann wird sie bei Aussaat von April bis Juni schon nach 3 Monaten blühen.
Höhe: 30 cm.
Blütezeit: Juni–September.
Tipp: Bauernorchideen ergeben interessante Topfblumen für die Blüte in den Monaten Februar/März auf der Fensterbank und im warmen Wintergarten. Hierfür wird im Juli/August ausgesät und im September in die endgültigen Töpfe pikiert. Dann bis zum Erscheinen der Knospen hell und kühl, aber frostfrei überwintern.

Schade, dass man die Bauernorchidee nur noch selten sieht. Die exotisch gezeichneten Blüten erscheinen in Massen.

Blauer Waldmeister
Asperula orientalis

Süßer aromatischer Duft, zartblaue Farbe und ein zierlicher Wuchs – damit zählt dieser einjährige Bodendecker zu den interessantesten »vergessenen« Sommerblumen. Man kann den feinen Samen von April bis Juni auf feinkrümelig hergerichteten Beeten flach einharken oder ihn gleich in Töpfe säen.
Höhe: ca. 25 cm.
Blütezeit: Juli–Oktober.

Clarkie, Mandelröschen
Clarkia unguiculata

Wer Bauernsträuße liebt, kommt nicht ohne die hübschen Mandelröschen aus, die in den Prärien Nordamerikas zu Hause sind. Sie gedeihen an sonnigen Stellen leicht aus direkt gesätem Samen, den man im April oder Mai in 1–2 cm tiefe Rillen ausbringt. Schon im Juli setzt die Blüte ein und hält 2 Monate lang an.
Höhe: ca. 50 cm.
Blütezeit: Juli–September.

Der Blaue Waldmeister duftet herrlich. Er gedeiht leicht, einfach und schnell, auch in Gefäßen.

Clarkien sind einfach zu ziehen.

Der Wärme liebende Fuchsschwanz *(Amaranthus tricolor)* prunkt mit exotischen Farben.

Duftwicke, Edelwicke
Lathyrus odoratus

Neben der mehrjährigen, aber nicht duftenden Staudenwicke *(Lathyrus latifolius)* zählen die einjährigen Duftwicken zu den bekanntesten Bauerngartenblumen. In wenigen Wochen verwandeln sie Zäune, Mauern und Lauben in blühende und herrlich duftende Wände. Es empfiehlt sich, davon reichlich Sträuße zu schneiden, denn sobald Samen heranreifen, werden keine neuen Knospen mehr gebildet. Empfehlenswert sind großblumige Mischungen aus England wie 'Royal' oder 'Spencer' (eine Spezialität des Vaters von Lady Di).
Höhe: 80–120 cm.
Blütezeit: Juni–September.
Tipp: Bei früher Aussaat (März/April) in 2 cm tiefe Rillen keinem sie schnell und gleichmäßig. Ist der Boden schon über 20 °C warm, kann es zu Keimhemmungen kommen.

Duftwicken brauchen Halt.

Gauchheil
Anagallis monelli

Die entweder himmelblauen oder roten Pflanzen sind auf heimischen Äckern als Wildvegetation zu finden. Daraus gezüchtete Kultursorten brauchen volle Sonne. Sie blühen sehr üppig und bedecken bei Aussaat von März bis Mai als dichte Blütenkissen von Juni bis September Beete und Wegränder und füllen Lücken im Steingarten oder in Gefäßen.
Höhe: 20 cm.
Blütezeit: Juni–September.
Tipp: Probieren Sie Gauchheil als Hängepflanze in Blumenampeln aus.

Fuchsschwanz, Amaranth
Amaranthus caudatus, A. salicifolius, A. tricolor

Schmetterlinge lieben diese schnell und einfach gedeihende Sommerblume aus dem sonnigen Mexiko ganz besonders. In Scharen laben sie sich an dem Nektar und Pollen, den die federbuschartigen oder langen, peitschenförmig herabhängen-

den Blütenstände vom Spätsommer bis zum ersten Frost anbieten. Sowohl die leicht behaarten Blätter als auch die Blütenstände sind exotisch bunt gefärbt – weinrot, feuerrot, rosa, weiß, gelb und orange. Es gibt ganz unterschiedliche Sorten (landwirtschaftlich genutzte liefern sogar eiweißreiche Körner fürs Müsli), die durch Kreuzungen entstanden sind. Die Anzucht ist leicht: Man sät den Samen von April bis Juni direkt ins Freie oder verpflanzt 3 bis 4 Wochen nach dem Aufgang im Abstand von 40 bis 50 cm.
Höhe: 30–150 cm.
Blütezeit: Juli–Oktober.
Tipp: Ein echtes Tropenkind ist *Amaranthus tricolor.* An geschützter sonniger Stelle entwicken diese 70 bis 80 cm hohen Pflanzen ein prächtiges Feuerwerk an Farben.

Jungfer im Grünen, Gretel im Busch *Nigella damascena*

Die zartblauen, rosa oder weißen Blümchen mit dem fein gefiederten Laub stehen schon seit der Kreuzritterzeit in Fürsten- und Bauerngärten. Nach dem Abblühen verhärten sich die bauchigen Samenkapseln und können als Schnitt- oder Trockenblumen in Dekorationen und Sträußen Verwendung finden. Der enthaltene Samen ist ein Gewürz und seit alters als Kreuzkümmel bekannt. Aussaat ins Freie April bis Juli.
Höhe: ca. 40 cm.
Blütezeit: Juni–Oktober.
Tipp: Jungfer im Grünen zählt zu den dankbaren schnellwüchsigen Sommerblumen, die den Schnecken nicht schmecken.

Liebeshainblume *Nemophila maculata* und *N. menziesii*

So romantisch wie ihr Name präsentiert sich die Liebeshainblume auch. Das Sonnenkind aus Australien bringt innerhalb von 7 bis 10 Wochen viele liebenswert zarte Blütchen auf zerbrechlich wirkenden Stielen und mit feinen Blättern. *N. maculata* blüht in verschwenderischer Fülle weiß mit blauen Flecken, während sich *N. menziesii* mit himmelblauen Glöckchen schmückt. Von März bis Juni kann man den feinen Samen breitwürfig an sonniger oder halbschattiger Stelle zwischen Stauden, Gehölze oder an Wegränder säen und flach einharken.

Zarte Blüten: die Jungfer im Grünen.

Liebeshainblumen wirken am besten in größeren Teppichen, sehen aber auch in Gefäßen oder Balkonkästen charmant und sehr nostalgisch aus.
Höhe: ca. 10 cm.
Blütezeit: Juli–September.
Tipp: Bienen und Hummeln finden sich in Mengen bei diesen Nektarspendern ein.

Liebeshainblume *(Nemophila menziesii)*.

Marienglockenblumen erinnern heute noch an die gefühlvollen Zeiten der Romantik.

Tipp: Gut gepflegte Exemplare können 150 cm hoch werden und mit etwa hundert Blüten aufwarten. So sind sie auch in größeren Töpfen und Kübeln eine Attraktion.

Marienglockenblume
Campanula medium

Die »Canterbury Bells«, wie die Engländer diese Glockenblume nennen, erinnern wie keine andere an die »gute alte Zeit«. Sie stammt von kalkhaltigen Geröllflächen Südfrankreichs, fand aber wegen ihres Blütenreichtums schon früh den Weg in unsere Gärten. Besonders beliebt sind immer noch die gefüllten Sorten in Rosa, Weiß oder Blau-Violett. Die Pflanzen sind zweijährig und blühen erst nach Überwinterung im Folgejahr. Man sät von Juni bis August oder pflanzt sie im Herbst in 40 cm Abstand an einen sonnigen oder halbschattigen Standort auf Blumenbeete.
Höhe: 60–120 cm.
Blütezeit: Juni–Juli.

Der zauberhafte Shirleymohn.

Seidenmohn
Papaver rhoeas

Roter Mohn im üppig blühenden Garten – kann man sich einen sonnigen Natur- oder Bauerngarten ohne Mohn vorstellen? Wohl kaum. Gleichzeitig mit Lupinen, Rittersporn und Margeriten quellen aus dicken, behaarten Knospen zerknitterte, aber in leuchtenden Farben glänzende Blütenblätter und öffnen sich zu anmutigen Blüten. Aus dem feuerroten einheimischen Klatschmohn *(Papaver rhoeas)* entstand um 1880 im englischen Dorf Shirley bei Southampton eine beliebte Mischung des einjährigen Seidenmohns, der Shirleymohn, mit anmutigen Schalenblüten und zauberhaften Pastellfarben und weißem Rand. Man sät diesen leicht wachsenden Mohn im zeitigen Frühjahr oder schon im Herbst aus und kann sich von Juni bis September an vielen zarten Blüten erfreuen.
Der echte Bauern- oder Schlafmohn *(Papaver somniferum)* hat

'Danebrog' – wie die dänische Flagge.

in Deutschland den Nachteil, dass man ihn wohl erwerben, aber nur mit behördlicher Genehmigung aussäen darf. Grund: Aus den Milchsaft führenden Kapseln wird das Rauschgift Opium gewonnen. Dabei sind seine ursprünglich blau-violetten Blüten besonders schön und ergeben nach der Abreife dicke, haltbare Kapseln, die Mohn für den Kuchen und Brötchen enthalten und gerne in Trockengestecken Verwendung finden. Hübsche Varianten sind die weiß-rote Sorte 'Danebrog' (ähnelt der gleichnamigen dänischen Flagge) und der Schlitz- oder Federmohn *(Papaver somniferum* 'Paeoniflorum') mit stark gefüllten und geschlitzten Blüten in Dunkelrot oder Violett.
Höhe: 60–80 cm.
Blütezeit: Juni–August.
Tipp: Die Sorte 'Henne und Küken' stammt aus dem 16. Jahrhundert. Sie zeigt nach dem Abblühen an der Kapsel skurrile Wucherungen, die an Küken im Nest erinnern.

Islandmohn
Papaver nudicaule

Dieser aparte Mohn hätte durchaus wieder weitere Verbreitung verdient. Seine Blüte fällt nämlich nach dem Abräumen der Tulpen und Stiefmütterchen Ende Mai in eine Lücke, in der fast alle Sommer- und Herbststauden nur grünes Blattwerk zu bieten haben. Der zweijährige Islandmohn passt auf Blumen- und Staudenbeete, in Schalen und Tröge. Die eleganten Blüten eignen sich hervorragend zum Gestalten in Vasen und Gestecken.
Höhe: 40–50 cm.
Blütezeit: Mai–September.
Tipp: Vom Islandmohn gibt es auffällige und repräsentative Sorten, z. B. die großblütige Mischung 'Partyfun'.

Spiegeleiblume, Sumpfblume
Limnanthes douglasii

Diese um die Jahrhundertwende beliebte Wildblume kommt wieder zu Ehren. Kein Wunder, denn wo man sie ansiedelt, breitet sie sich mit dichten Teppichen von auffälligen gelb-weißen Blütchen aus, ohne dabei lästig zu fallen. In ihrer Heimat Oregon verwandeln Sumpfblumen nach dem Winter sumpfige Uferzonen in sonnig-prächtige Blumenwiesen. Leider blühen sie nur 3 Wochen. Dafür kann man sie von Frühling bis Herbst breitwürfig in mäßig feuchte Erde säen und wird schon nach 3 bis 4 Monaten mit liebenswerter Blütenfülle belohnt. Gut passen sie in Steingärten, an Wege, in Tröge und in Gefäße für Terrasse und Balkon.
Höhe: 10 cm.
Blütezeit: Mai–September.
Tipp: Die zarten Blüten duften angenehm. Sie werden besonders gerne von den Läuse vertilgenden Schwebfliegen besucht.

Lauter sonnige Spiegeleiblumen.

Buschwinden in leuchtenden Farben.

Teppichwinde, Buschwinde
Convolvulus tricolor

Die blühfreudigen Beet- und Einfassungsblumen stammen aus dem Mittelmeerraum. Sie gehören seit langer Zeit als Standards in Bürger- und Bauerngärten. Im Gegensatz zur schlingenden himmelblauen Kaiserwinde *(Ipomoea tricolor)* und zu den märchenhaften Prunkwinden *(Pharbitis purpurea)* bleibt die Buschwinde am Boden. Zahlreiche trichterförmige Blüten in auffälligen bunten Farben sind in Mischungen enthalten, die es im Samenhandel gibt. Mit direkter Aussaat von Mai bis Juni kann man schnell und günstig bis in den Herbst hinein für Farbe sorgen.
Höhe: ca. 30 cm.
Blütezeit: Juni–September.
Tipp: Der Boden sollte nur schwach gedüngt sein, sonst gibt es mehr Blätter als Blüten. Ein guter Reihenabstand sind 40 bis 50 cm.

Schnellwüchsige Wucherblumen.

Wucherblume
Chrysanthemum carinatum (jetzt: *Ismelia carinata)*

Ihr Name sagt schon, dass man mit dieser schnell wachsenden Sommerblume keine Mühe hat, sie zum üppigen Blühen zu bringen. Sie schafft es bei Direktaussaat von April bis Juni innerhalb von wenigen Wochen und belohnt die kleine Mühe im Hochsommer mit einem opulenten Bild in warmen Farben. Die Wucherblume wird einfach dünn verteilt in Reihen mit 30 bis 40 cm Abstand gesät und/oder verpflanzt. Auf Blumenrabatten passt sie in den Hintergrund.
Höhe: 50–60 cm.
Blütezeit: Juli– September.
Tipp: Die Sommermargerite *(Argyranthemum frutescens)* mit einfachen weißen Blüten und blaugrünem Laub ist bei frostfreier Überwinterung mehrjährig und wird häufig als Stämmchen oder Kübelpflanze angeboten. Sie lässt sich aus Samen ziehen oder über Stecklinge vermehren. Sie blüht von Juni bis Oktober und erreicht 30 bis 40 cm.

Zinnie
Zinnia angustifolia

Aus dieser blühfreudigen und wärmeliebenden mexikanischen Sommerblume entstehen immer neue und interessante Sorten. Doch während die großblumigen Züchtungen *(Zinnia elegans)* wie 'Kalifornische Riesen' leicht unter Nässe leiden, zeigen sich die etwas in Vergessenheit geratenen niedrigen Schmalblättrigen Zinnien als echte Dauerblüher. Sie wachsen buschig und tragen viele regenbeständige Blüten mit 4 bis 5 cm Durchmesser.

Ein- und zweijährige Sommerblumen aus Samen anzuziehen

Deutscher Name	Botanischer Name	Aussaatzeit	Vorkultur erforderlich	Pflanzenabstand in cm	Standort/Bemerkungen
Einjährige Sommerblumen					
Aster, Sommer-	*Callistephus chinensis*	April – Mai	+	20	auf Fruchtwechsel achten!
Balsamine	*Impatiens balsamina*	April – Mai	–	20	Sonne bis Halbschatten
Bartnelke	*Dianthus barbatus*	Juni – Juli	–	25	Sonne, 2-jährig
Bechermalve	*Lavatera trimestris*	April – Juni	–	20	Sonne bis Halbschatten
Duftwicke	*Lathyrus odoratus*	März – April	–	10	Sonne, kletternd
Gänseblümchen	*Bellis perennis*	Juli – August	+	20	Samen nur leicht bedecken
Garten-fuchsschwanz	*Amaranthus caudatus*	April – Mai	–	40	volle Sonne
Jungfer im Grünen	*Nigella damascena*	April – Juni	–	10	Sonne bis Halbschatten
Kapuzinerkresse	*Tropaeolum majus*	April – Mai	–	30	Sonne bis Halbschatten
Klatschmohn	*Papaver rhoeas*	März – Oktober	–	30	Sonne
Kornblume	*Centaurea cyanus*	März – September	–	20	Sonne
Levkoje	*Matthiola incana*	März – August	+	30	Sonne bis Halbschatten
Liebeshainblume	*Nemophila menziesii, N. maculata*	April – Juni	–	5 – 10	Sonne bis Halbschatten
Mandelröschen	*Clarkia elegans*	April – Juni	–	5 – 10	Sonne bis Halbschatten
Nelke (Garten-)	*Dianthus caryophyllus*	März – Juni	+	20	Sonne bis Halbschatten
Ringelblume	*Calendula officinalis*	April – Juni	–	20	Sonne bis Halbschatten
Schleierkraut	*Gypsophila elegans*	April – Mai	–	20	Sonne bis Halbschatten
Schmuckkörbchen	*Cosmos bipinnatus*	April – Mai	–	30	Sonne bis Halbschatten
Seidenmohn	*Papaver rhoeas*	April – Oktober	–	20	Sonne
Silbertaler	*Lunaria biennis*	Mai – Juli	–	20	Sonne bis Schatten
Sommerazalee	*Clarkia amoena*	April – Juni	–	20	Sonne bis Halbschatten
Sonnenblume	*Helianthus annuus*	April – Mai	–	40	Sonne
Sonnenflügel	*Helipterum roseum*	März – Mai	–	20	Sonne
Sonnenhut	*Rudbeckia hirta*	April – Mai	–	20	Sonne
Strandflieder	*Limonium sinuatum*	April – Mai	–	30	Sonne
Strohblume	*Helichrysum bracteatum*	April – Mai	–	20	Sonne
Studentenblume	*Tagetes patula* 'Nana'-Gruppe, *T. erecta*	März – Mai	+	30	Sonne
Trichterwinde	*Ipomoea tricolor*	April – Mai	+	20	Sonne, kletternd
Zinnie	*Zinnia elegans*	April – Mai	+	20	Sonne
Zweijährige Sommerblumen					
Marienglockenblume	*Campanula medium*	Juni – August	+	30	Sonne
Stockrose	*Alcea rosea*	Juni – August	+	30	Sonne bis Halbschatten
Vergissmeinnicht	*Myosotis sylvestris*	Juni – August	+	20	Sonne bis Halbschatten

Blütentrauben von Kaskadenrosen schmücken die lauschige Rosenlaube im Stil der Kaiserzeit.

'Perserteppich' und 'Old Mexico' machen ihrem Namen alle Ehre und bilden in einer sonnigen Staudenrabatte, in Blumenbeeten, an Wegrändern oder im Steingarten einen fröhlichen Blumenteppich.
Man sät sie nach Mitte April ins Freie oder zieht sie in einem Saatbeet vor und pflanzt sie nach den Frösten im Abstand von ca. 20 cm aus.
Höhe: 20–30 cm.
Blütezeit: Juli–Oktober.
Tipp: Die Qualitäten dieser uralten Zinnien verlockten zu Kreuzungen mit anderen Arten. Heraus kamen die 30 cm hohen Sorten der 'Profusion'-Serie mit großem Blütenreichtum, hervorragender Wetterbeständigkeit und aufregenden neuen Farben. 'Profusion Cherry' (kirschrot) wurde sogar mit der Fleuroselect-Goldmedaille ausgezeichnet.

Zinnia angustifolia 'Perserteppich'.

Alte Rosen

Kaiserin Josephine ließ ihre Rosensammlung im Schlosspark von Malmaison malen und hat sie damit unsterblich gemacht. Die historischen Rosen vergangener Jahrhunderte umgibt eine Aura heiterer Gelassenheit, fröhlicher Feste – und natürlich ihr sagenhafter süßlich-schwerer Duft, den die Züchter seitdem in moderne Sorten einkreuzen.
Bis heute streiten sich die Experten, was »alte Rosen« eigentlich genau sind, denn manche neue verbinden deren Charakter, Wüchsigkeit, Winterhärte, dicht gefüllte Blüten und das berühmte Odeur von damals mit den positiven Eigenschaften von heute. Als solche gelten mehr-

fache Blüte, strafferer und gesunder Wuchs, vor allem aber die natürliche Widerstandsfähigkeit gegen Krankheiten wie Mehltau und den gefürchteten Sternrußtau (beispielsweise bei David Austins »Englischen Rosen«).
Historisch gesehen zählen zu den »alten« Sorten alle, die vor 1867 erschienen, als mit der rosa Teehybride 'La France' die Rosen-Neuzeit begann.
Kräftiger Duft zeichnet zahlreiche Kreuzungen aus, die im Laufe der Zeit aus nord- und südosteuropäischen Wildrosen sowie aus Pflanzen entstanden sind, deren Heimat in Vorderasien und China liegt. Die meisten sind aufrecht und buschig wachsende Strauchrosen, die außer Auslichten und dem Zurückschneiden älterer und erfrorener Triebe so wachsen dürfen, wie es ihnen gefällt.

Historische Strauchrose 'Mme Isaac Pereire'.

Historische Kletterrosen mit starkem Duft

Das romantische Flair alter Kletterrosen ist wohl kaum zu übertreffen. Achten Sie auf weiche Triebe, die sich an Rosenbögen und Spaliere anschmiegen können. Sie sind meist als Ramblerrosen klassifiziert (im Gegensatz zu den straff aufrecht wachsenden so genannten Climbern).
Für Rosenbögen sollte deren Höhe nicht über 3 m sein, sonst muss man nach einigen Jahren zu viel beschneiden.
Bewährte historische Sorten sind 'Alberic Barbier' (1900, erst cremeweiß mit gelber Mitte,

Strauchrosen mit intensivem, besonders angenehmem Duft:

- **Apothekerrose** *(Rosa gallica* 'Officinalis'), Provinsrose oder 'Rote Rose von Lancaster', die in den englischen Rosenkriege eine Rolle spielte. Sie wurde bereits um 1310 in Frankreich nachgewiesen, wird ca. 70 cm hoch und blüht hellrot.
- ***Rosa gallica* 'Versicolor'** ('Rosa Mundi') mit hellrosa und rot gestreiften Blüten, 70 cm hoch.
- ***Gallica*-Strauchrose 'Charles de Mills'** (sehr alt) mit dunkel purpurroten Blüten und gelegentlich weißem Rand, sehr dicht gefüllt. Höhe 130 cm.
- **Damaszener- oder Portlandrose 'Rose de Resht'** (wurde schon vor 1880 in Persien kultiviert). Blüten dunkelpurpur mit fester Knospenform und straffen Stielen, mehrfach blühend mit kurzen Blühpausen. Höhe 80 cm.
- **Zentifolienrose 'Fantin Latour'** (alter Findling unbekannter Herkunft). Blüten zartrosa, sehr edle runde und große Schalenblüten von 9 cm Durchmesser, dicht gefüllt und geviertelt.
- **Moosrose** *(Rosa × centifolia* 'Muscosa') Sie wurde erstmals 1696 erwähnt. Die dicht gefüllten Blüten sind rosa, sehr dicht und lange kuppelförmig geschlossen, Durchmesser ca. 10 cm. Die Kelchblätter sind filigran bemoost und duften ebenfalls harzig und intensiv. Höhe 120 cm. Daraus entstanden ist 'Muscosa Alba' mit ähnlichen Eigenschaften. Tipp: Die Blüten dieser Moosrosen eignen sich besonders gut für eine Rosenbowle.

'Charles Austin' ist eine gesunde Englische Rose mit dicht gefüllten Blüten und traumhaftem Duft.

dann zartrosa), 'Alexandre Giraud' (dunkel lachsrosa mit weißen Streifen), 'Arvensis splendens' (kleinblütig, zartrosa bis weiß, duftet nach Myrrhe), 'Dr. W. van Fleet' (zartrosa bis weiß), 'Félicité et Perpetué' (zartrosa, in Weiß übergehend, locker gefüllt), 'Francois Juranville' (1906, lachsrosa).
Dazu passen die etwas später gezüchteten Kletterrosen mit Nostalgie-Charme wie 'Blush Rambler' (1903, hellrosa, halbgefüllt, in großen Dolden), 'Ghislaine de Feligonde' (1916, zartrosa bis elfenbeinfarben, locker gefüllt), 'New Dawn' (1936, zartrosa, mehrfach blühend), 'Paul Nöel' (1913, aprikosenrosa, 7 cm Durchmesser, öfter blühend).

Englische Rosen

David Austin ist der wohl weltweit bekannteste Rosenzüchter. Als Erster kreuzte er historische Rosen mit neuen, gesunden Sorten und erhielt damit robuste Strauchrosen mit relativ lockerem Wuchs, meist hervorragendem Duft und Mehrfachblüte. Sie passen gut in Staudenpflanzungen und in Cottagegärten, die englische Variante unserer Bauerngärten.
Schon Austins erste Züchtung 'Constance Spry' (1961) wurde ein großer Erfolg. Obwohl nur einmalblühend und nicht ganz resistent gegen Sternrusstau, blüht sie sehr üppig, sieht bezaubernd aus (rosa, dicht gefüllt) und wächst wie manche andere auch, fast als Kletterrose, überhängend und üppig, ideal für romantische Lauben. Weitere Spitzensorten sind 'Charles Austin' (hellorange mit Gelb, bis 2 m hoch), 'Graham Thomas' (goldgelb, große Schalenblüten), 'Gertrude Jekyll' (purpurrosa, dicht gefüllt, 120 cm), 'Wife of Bath' (rein rosa, große Blüten, dicht gefüllt, 90 cm).

Nostalgisches zum Nachpflanzen

Ein Duftgarten

Der zarte Duft von Veilchen und dichte Teppiche aus zierlichen Maiglöckchen sind niemals aus der Mode gekommen. Wie also wäre es mit einem Duftgarten, der es mit dem berühmten Charme der Belle Époque und den Reizen der Provence aufnehmen kann, der Sie in die Zeit des Biedermeiers entführt und Ihnen viele schöne Stunden beschert? Schon sparen Sie sich die Wellness-Kur und bekommen Lust auf eine entspannende Aroma-Therapie – die es dann täglich im eigenen Garten gibt. Man sitzt im lichten Schatten unter rankender Kapuzinerkresse oder lässt sich von den zauberhaft-zarten Gerüchen der Duftwicken und Duftrosen betören.

Duftende Gehölze und Stauden für den Frühling

Gehölze wie Duftschneeball *(Viburnum × bodnantense* im Winter, *Viburnum × burkwoodii* im Frühling), Flieder, Azaleen, Falscher Jasmin *(Philadelphus coronarius* oder – ganz raffiniert – 'Belle Etoile') und Holunder sowie im Sommer Jelängerjelieber *(Lonicera peryclymenum)* mit

seinen herrlich süßen Aromen und Schmetterlingsstrauch *(Buddleja alternifolia* und *B. davidii)* bilden einen windschützenden Rahmen. Als weitere Attribute romantischer Träumereien kommen Rosenbögen oder eine nostalgische Rosenlaube mit den entsprechenden Duftrosen hinzu. Davor können sich pflegeleichte Stauden entfalten: Pfingstnelken, Bauern-Pfingstrosen, Diptam, Duftnelken, Goldlack, Schwertlilien, Nachtviolen *(Hesperis matronalis)* und Bartnelken etwa oder im Spätsommer der Staudenphlox *(Phlox paniculata)* und, nicht zu vergessen, die herrlichen Pracht- und Königslilien.

Duftpflanzen für den Sommer

Wenn die Tage heißer werden, drängen sich Sommerblumen in den Vordergrund und locken mit ihren Duftstoffen zahlreiche Schmetterlinge herbei. Bestimmt wird Ihnen die dunkelblaue Vanilleblume *(Heliotropium arborescens)* gefallen, der weiße, 150 cm hohe Ziertabak *(Nicotiana sylvestris)*, die nostalgisch anmutenden Sommerlevkojen *(Matthiola incana)* oder die pflegeleichten Ringelblumen *(Calendula officinalis)*.
Wie in einem Märchengarten fühlt man sich umgeben von Blauem Waldmeister *(Asperula orientalis)* oder niedrigen Hecken von blauem oder weißem Duftlavendel.

Ein nostalgischer Duftgarten

Ein Kiesweg führt zur Laube, der den Besucher gleich mit einer Insel aus Duftsteinkraut und Duftschöterich *(Erysimum allionii)* empfängt. Die Grundbepflanzung aus Gehölzen umfasst Flieder, Duftschneeball, Duft-Kletterrose 'Ghislaine de Feligonde', Falschen Jasmin 'Belle Étoile', Schmetterlingssträucher *(Buddleija alternifolia* und *B. davidii)*, Duftstrauchrose 'Rose de Resht' und Buchs. Duftstauden sind (von links): Federnelken, Pfingstnelken, Bartiris, Lavendel, Pfingstrosen und Phlox. Duftende Sommerblumen füllen die Lücken: Kapuzinerkresse, Wicken, Bartnelken, Goldlack, Bittere Schleifenblume, Blauer Waldmeister, Ringelblume, Dufttabak, Sammetblumen *(Tagetes tenuifolia)*.

Die hohe Kunst der Teppichbeetgestaltung zeigt sich in diesen Pflanzplänen (ca. 1880).

Wahre Duftwolken verbreiten auch das anspruchslose weiße oder rosa-violette Duftsteinkraut *(Lobularia maritima)* und der Schöterich *(Erysimum allionii)*. Beide wetteifern mit Chabaud-Nelken, Garten- und Prachtnelken *(Dianthus superbus)*.

Zwiebelblumen mit süßem Duft
Für Duftwunder im Frühling können Sie im Herbst schon mit geeigneten Zwiebelblumen vorsorgen. Neben den prächtigen Hyazinthen und ihren vergleichsweise bescheidenen kleinen Vettern, den blauen oder weißen Traubenhyazinthen, halten Züchter eine wachsende Auswahl an alten Narzissen bereit, die noch mehr bieten als Farbe und Blütenpracht. Ob sie duften, sieht man den Sorten nicht sofort an, doch wer sich informiert, findet bestimmt etwas Passendes. Dicht gefüllte weiße oder gelbe Jonquillen, manche Osterglocken (z.B. 'Golden Harvest', 'Prof. Einstein') sowie die weißen Dichternarzissen *(Narcissus poeticus* oder 'Actaea Alba') und die Tränennarzisse *(Narcissus triandrus* 'Thalia') sind regelrechte Duftwunder, in die man sich verlieben kann. Und eine faszinierende Tulpenpracht mit nostalgischen Sorten, die verführerisch süßes Aroma verströmen, macht Garten, Vorgarten und bepflanzte Gefäße auf dem Balkon vollkommen.

Teppichbeete – ideal für kleine Gärten

Zur Kaiserzeit waren in präzisen Mustern (ähnlich wie Teppiche)

Yin und Yang, die chinesischen Sinnbilder des Lebens, standen Pate für dieses Teppichbeet.

gepflanzte Beete große Mode. Auch heute noch kann man sie in England, Frankreich, Italien und zum Beispiel in der Kölner »Flora« bewundern, die ganz im Stil ihres Schöpfers, des berühmten deutschen Gartenkünstlers Peter Joseph Lenné, wiedererstanden ist.
Die kunstvollen flachen oder wie ein geneigtes Bild schräg angelegten Teppichbeete passen auch in heutige Vorgärten, in gepflegte Innenhöfe, Minigärten in Wohnanlagen oder auf Dachgärten. Inmitten von Rasenflächen oder in kleinen Hausgärten bilden sie ideale Blickfänge, die nach dem Pflanzen nur noch wenig Arbeit machen. Historische Vorlagen lassen sich über einen Kopierer bis zum Pflanzplan vergrößern. Heute bevorzugt man einfachere Muster wie Sternzeichen, das chinesische Yin und Yang, Räder oder sternförmige Beete. Ihrer Fantasie sind dabei keine Grenzen gesetzt – auf kleiner Fläche erreicht man ein Maximum an Wirkung.
Als Pflanzen für die prächtigen Hingucker braucht man nichtwuchernde niedrige Sommerblumen, die bis zum Frost blühen. Geeignet sind rote, rosa und weiße Eisbegonien *(Begonia semperflorens)*, blauer Leberbalsam *(Ageratum)*, gelbe oder rotbraune Studentenblumen, kompakt wachsende Sorten von Duftsteinrich *(Lobularia* 'Snow Crystals') und dekorative Blattpflanzen wie rote Iresine und buntes Papageienblatt *(Alternanthera)*, dazu Zwergformen von Buchs und silbrige Kräuter wie Heiligenkraut *(Santolina)*. Sehr attraktiv machen sich auch kontrastreiche Frühjahrspflanzungen mit Hornveilchen, Stiefmütterchen, Tausendschön *(Bellis)*, Vergissmeinnicht, Narzissen, Hyazinthen und Tulpen.
Wege und Zwischenräume werden je nach Geschmack mit dekorativem weißem Kies, farbigem Holzdekor, Pinien- oder Rindendekor bestreut, was den Garten zugleich pflegeleicht macht.

Vorschlag für ein halbmondförmiges Teppichbeet (mit nicht winterharten Pflanzen):

1. Heiligenkraut, silberweiß *(Santolina chamaecyparissus)*
2. Purpurblatt, Iresine *(Iresine herbstii)*
3. Papageienblatt, hellgrün *(Alternanthera amoena)*

auf einen blick

- Alte Stauden-, Sommerblumen- und Rosensorten haben sich einen nostalgischen Charme bewahrt, der ihnen verstärkte Aufmerksamkeit beschert.
- Robustes Wachstum und Duft sprechen für ihren hohen Gartenwert.
- Auch die alten Rezepte für die einst sehr beliebten Teppichbeete sind wieder attraktiv, besonders für kleine Gärten.

Schmackhaftes aus Großvaters Obstgarten

»Die alten Sorten schmeckten einfach besser!« Ob dem wirklich so ist, sei dahingestellt, doch nostalgische Erinnerungen an frisch vom Baum gepflückte Früchte (womöglich aus Nachbars Garten) entfalten noch Jahrzehnte später ihre Wirkung.

Alte Apfelsorten

Ein wenig Romantik ist schon dabei, wenn es um die Qualität alter Obstsorten geht. Aber immerhin konnten sie sich über Jahrhunderte behaupten und sind oft besser an das örtliche Kleinklima angepasst als manche neue Züchtung. Obendrein haben diese robusten Sorten, die sich in Wind und Wetter bewährten, manches typische Gericht der regionalen Küche entstehen lassen.
Der Erhalt alter Sorten-Vielfalt ist wichtig. Für die Blütenpracht der vom Fortschritt bedrohten Streuobstwiesen wird von öffentlicher Seite viel getan. Helfen auch Sie in Ihrem Garten mit, dass so lange bewährtes Kulturgut nicht unwiederbringlich verloren geht!

◀ Blühende Obstbäume an Häusern oder auf Streuobstwiesen verleiten zum Träumen. Wählen Sie einen Obstbaum, wenn es um passende Hausbäume geht.

Die Auswahl der folgenden Sorten orientiert sich freilich nicht nur an der Historie, sondern an ihrem heutigen Anbauwert und an der Möglichkeit, sie noch aus Baumschulen zu beziehen.
Wenn Ihnen manche Namen allzu modern und geläufig erscheinen, dann spricht das für die Qualität und dafür, dass viele alte Sorten selbst im heutigen Wettbewerb mithalten können.

Kleine Geschichte des Kulturapfels

Die in unserem Raum verbreiteten Apfelsorten gehen auf den wilden Zwergapfel *(Malus pumila)* und den in Kleinasien verbreiteten Holzapfel *(Malus silvestris)* zurück. Bei den alten Kulturvölkern war die süß-säuerliche Frucht hoch angesehen. Mit den Römern gelangte der Apfel auch ins raue Nordeuropa. Auf Veranlassung Karls des Großen sorgten viele Klöster für seine Verbreitung, die in raffiniert gezogenem Formobst der »Kunst- und Lustgärtner« im 18. und 19. Jahrhundert an den Fürstenhöfen einen ersten Höhepunkt erreichte. Viele tausend Sorten entstanden im 19. Jahrhundert, in dem sich das Bürgertum so stark für Früh- und Lagersorten für den Hausgarten sowie für die Herstellung von Most und Obstbränden interessierte, dass sogar Straßenränder für den Obstanbau genutzt wurden.

Wichtiges zu Anbau und Ernte

Apfelbäume fühlen sich im gemäßigten Klima Mitteleuropas und auf nicht zu nassen, kalten Böden ausgesprochen wohl – abgesehen von Höhenlagen über 600 m. Tiefgründige, fruchtbare Lehmböden sind für sie optimal, doch gedeihen sie auch auf anderen humosen Gartenböden. Alle Apfelsorten sind auf einer Unterlage veredelt, deren Charakter Einfluss

Äpfel bestäuben sich nicht selbst, deshalb muss man mindestens 2 passende Sorten pflanzen. Dabei ist es möglich, auf eine Unterlage mehrere Sorten zu veredeln (Duo- oder Triobäume).

Aus Äpfeln, die vom Baum fallen, kann man leckeren Most bereiten, Apfelmus und Dörrobst wie in früheren Zeiten. Hochgeschätzt sind auch Sorten, die frisch vom Baum schmecken.

nimmt auf mehr oder weniger starken Wuchs. **Schwacher Wuchs** (z. B. durch die Standardunterlage M 9) ist für **kleine Gärten** am besten geeignet, doch für einen hohen und lange anhaltenden Ertrag braucht man auch dort einen nährstoffreichen Boden. Platzsparend und leicht zu beernten sind niedrige Stammhöhen (40–60 cm für Spindeln, 100 bis 120 cm für Halbstämme. 160 bis 180 cm für Hochstämme).

Schlanke Spindeln mit kurzen, flachen Seitentrieben haben einen nach allen Seiten offenen Wuchs und beginnen früh mit dem Ertrag. Rundkronen sind für größeren Platzbedarf ausgelegt. Das heute stark gefragte **Spalierobst** wird im Höhenwuchs begrenzt und so geschnitten, dass sich die Zweige nach beiden Seiten flach und waagerecht ausbreiten.

Topfobst ist auch mit manchen älteren Sorten möglich, doch braucht man dafür Veredelungen auf besonders schwach wachsenden Unterlagen (z. B. M 27), deren Lebensdauer bei ca. 10 Jahren liegt. Der heute so beliebte Säulenwuchs ist allerdings neueren Züchtungen vorbehalten.

Zur Ernte

Nur die frühen Tafeläpfel entwickeln schon am Baum ihr volles Aroma und können sofort frisch verzehrt werden. Die Reife ist erreicht, wenn sich die Fruchtstiele durch Drehen leicht ablösen lassen. Mittelfrühe und späte Lageräpfel brauchen nach dem Pflücken noch mehrere Wochen, um im kühlen Keller ihre Genussreife und den vollen Geschmack zu erlangen. Früher hatten Wirtschaftsäpfel auch im Hausgarten eine größere Bedeutung, denn aus ihnen wurden nicht nur Saft, Most (Cidre) und Obstler, sondern auch Apfelmus, Kuchen und Dörrobst hergestellt.

Wertvolle alte Apfelsorten

'Cox Orangenrenette' (= 'Cox Orange')

Tafelapfel, Genussreife von Ende Oktober bis März. Diese auch heute noch sehr beliebte Sorte entstand um 1825 in England. Die haltbaren Früchte sind mittelgroß und rund. Die leuchtend goldgelbe Schale ist auf der Sonnenseite rot gestreift, das Fleisch gelb und knackig. Besonders angenehm ist der süßaromatische Geschmack. Der Baum wächst mittelstark, bringt mittleren Ertrag und braucht günstige Bedingungen. Nicht in frostgefährdete Lagen pflanzen.

'Goldparmäne'

Tafelapfel, Genussreife ab Oktober, lange haltbar bis Februar. Die sehr alte Sorte ist schon seit dem Mittelalter bekannt. Die kleinen bis mittelgroßen Früchte haben eine glatte, grünlichgelbe Schale, die auf der Sonnenseite kräftig gestreift und gerötet ist. Der Geschmack ist angenehm süß-säuerlich und kräftig. Der Baum ist ein sehr guter Pollenspender, er liebt wärmere Standorte.

'Gravensteiner' (= 'Blumenkalvill')

Tafelapfel, sehr wertvoll für den Hausgarten. Genussreife Oktober bis Ende Dezember. Die sehr alte Sorte ist im Ort Gravenstein (Flensburger Börde) zuhause. Die großen breitkugeligen Früchte haben eine glatte, fette gelbe Schale mit rötlichen Streifen, gelblich-weißes Fleisch und sind sehr saftig. Die Sorte braucht guten Boden und ist in der Blüte etwas frostempfindlich. Besonders angenehm ist das ausgeprägte würzige Aroma.

'Cox Orangenrenette' (links) und 'Rote Goldparmäne' (rechts) sind immer noch als Tafelobst gefragt.

'James Grieve'

Tafelapfel, Genussreife sehr früh, schon Mitte August. Diese Sorte ist ca. 1880 in Schottland entstanden. Ihre Früchte sind mittelgroß bis groß, mitunter schwach gerippt. Die gelbe Schale zeigt auf der Sonnenseite kräftig rote Streifen. Das weiße Fleisch schmeckt angenehm säuerlich. Die schwach wachsende Sorte braucht nährstoffreiche und nicht zu trockene Böden. Sie ist als guter Pollenspender geschätzt und heute noch eine Hauptsorte.

'Oldenburg', 'Geheimrat Dr. Oldenburg'

Tafel- und Wirtschaftsapfel, Genussreife Oktober bis Januar. Die beliebte Hausgarten-Sorte entstand 1897 in der Obstversuchsanstalt Geisenheim. Die mittelgroßen länglichen Früchte haben eine fettige Schale mit roter Farbe. Sie schmecken ausgezeichnet, feinsäuerlich und würzig. Die Bäume brauchen wenig Platz, bevorzugen aber warme, windgeschützte Lagen und sind in der Blütezeit wenig frostgefährdet.

'Signe Tillisch' enthält viel Saft.

'Rote Sternrenette'

Tafelapfel, Genussreife von Oktober bis November. Wurde am Niederrhein schon um 1830 angebaut. Er ist wegen seiner attraktiven roten Farbe und der glänzend frischen Haut besonders beliebt für Weihnachtsteller. Der Geschmack ist süßsäuerlich. Die robuste Sorte liebt feuchte, schwere Böden. Widerstandsfähig gegen Schorf, Mehltau und Krebs.

'Geheimrat Dr. Oldenburg' schmeckt ausgezeichnet und braucht im Hausgarten wenig Platz.

'Signe Tillisch'

Tafelapfel aus Jütland, Dänemark, aus dem Jahre 1866. Genussreife September bis November. Die mittelgroßen bis großen Früchte haben eine glatte, dünne Schale mit gelblicher bis helloranger Farbe und breitrundliche bis kantige Form. Das grünlichweiße Fleisch ist locker, schmelzend weich und sehr saftig. 'Signe Tillisch' fällt auf durch sehr guten, edlen und süß-aromatischen Geschmack. Die Blüten sind wenig durch Frost gefährdet. Der Baum gedeiht gut in vielen Lagen, von der Küste bis zum Mittelgebirge.

'Weißer Klarapfel'

Tafelapfel mit sehr früher Genussreife, der schon ab Mitte Juli vom Baum geerntet werden kann. Die geschätzte Sorte entstand 1850 in Lettland und bringt viele kleine bis mittelgroße Früchte mit glatter, glänzender Schale und hellgrüner Farbe. Das Fleisch ist saftig, locker und bei Überreife leicht mehlig mit feinsäuerlichem Geschmack. Der Wuchs ist mittelstark und robust, der Ertrag beginnt schon ab dem 2. bis 3. Standjahr. Weil die Ansprüche an Boden und Standort gering sind und wegen der extrem frühen Reifezeit erfuhr die Sorte weite Verbreitung.

Lager- und Wirtschaftsäpfel

'Brettacher'

Lagerapfel, Wirtschaftsapfel, Genussreife spät, von Dezember bis April. Im Badischen ist diese alte Sorte noch weit verbreitet. Die großen, gerippten Früchte sind grüngelb, auf der Sonnenseite rot mit wachsiger Schale, lange lagerfähig und schmecken herb-säuerlich. Sie werden gerne in der Küche für Mus, zum Dörren und für Kuchen verwendet. Die stark wachsenden Bäume brauchen viel Platz. Besonders gut gedeihen sie auf sonnigen Streuobstwiesen, doch nur in Höhenlagen bis 600 Meter.

'Champagner-Renette', 'Zwiebelapfel'

Lagerapfel, Wirtschaftsapfel, Genussreife Dezember bis zum Sommer. Stammt aus der Champagne und wurde bereits 1799 beschrieben. Die Früchte sind klein bis mittelgroß, platt und flach, die Schale ist glatt, grüngelb. Das Fleisch ist fest und saftig, der Geschmack mildsäuerlich. Die Sorte braucht wenig Platz und eignet sich daher gut für Hausgärten.

Als ersten kann man im Sommer den 'Weißen Klarapfel' (links) ernten. Bis zum nächsten Sommer lagert die 'Champagner-Renette' (rechts).

'Glockenapfel' aus der Schweiz.

'Gewürzluiken'

Lagerapfel, Wirtschaftsapfel, Genussreife November bis März. In Süddeutschland zählte diese alte Hauptsorte wegen ihrer vielseitigen Verwendung lange Zeit zu den gefragtesten Wintersorten. Die mittelgroßen kräftig roten Früchte haben einen erfrischenden, kräftigen, säuerlichen Geschmack. Die Bäume wachsen stark und brauchen geschützte Lagen.

'Glockenapfel'

Lagerapfel, Genussreife Januar bis April. Diese alte schweizerische Sorte bringt schon früh glockenförmige grünlich-gelbe Früchte, die auf der Sonnenseite schwach rötlich gefärbt sind. Das erfrischend schmeckende säuerliche Fleisch ist sehr fest. Die stark wachsenden Jungtriebe brauchen guten, nährstoffreichen Boden und einen nicht zu rauen Standort.

'Kaiser Wilhelm'

Lagerapfel, Genussreife ab Dezember. Dieser Apfel wurde 1864 von einem Lehrer in Witzhelden entdeckt. Die mittelgroße bis große Frucht hat rundliche Form und eine glatte, glänzende,

Lagerapfel 'Kaiser Wilhelm'.

'Rheinischer Winterrambour', ein Lagerapfel mit angenehm säuerlichem Geschmack.

grüngelbe Schale, die auf der Sonnenseite rote Streifen zeigt. Das feine Fleisch ist saftig und schmeckt angenehm säuerlich. Der Ertrag beginnt spät, ist dann aber hoch. Der Baum wächst robust und ist bis in Höhenlagen von 600 m anpassungsfähig.

'Roter Boskoop', eine nach wie vor geschätzte Sorte mit säuerlichem Aroma.

'Rheinischer Winterrambour', 'Teuringer'

Lagerapfel, Wirtschaftsapfel, Genussreife November bis März. Diese alte westdeutsche Hausgartensorte braucht viel Platz, wächst stark und benötigt luftfeuchte, nicht zu warme Lagen, ist aber in rauen Lagen durch Frost gefährdet. Die großen Früchte sind rot verwaschen gestreift. Ihr Fleisch ist fest und schmeckt saftig-süßlich mit feinem Aroma.

'Roter Boskoop'

Lagerapfel, Genussreife von November bis April. Die Mutation ging 1923 aus dem einst sehr beliebten 'Schöner von Boskoop' hervor, der 1856 im holländischen Baumschulgebiet Boskoop entstand. Die große bauchige und dunkelrote Frucht hat eine raue, berostet wirkende Schale. Von vielen sehr geschätzt wird ihr säuerliches, fein würziges Aroma, ebenfalls die sehr gut Lagerfähigkeit.

'Roter Eiserapfel', 'Bamberger Herzapfel', 'Paradiesapfel'

Lager- und Wirtschaftsapfel, Genussreif ab Dezember, sehr lange haltbar bis in den Sommer. Diese sehr alte Sorte wurde bereits im 16. Jahrhundert erwähnt. Ihre Hauptverwendung ist die Herstellung von Apfelwein. Die Früchte sind mittelgroß, stumpfkegelig mit glatter fester Schale. Das feste Fleisch schmeckt süßsäuerlich. Die Sorte hat sich als besonders widerstandsfähig gegen Krankheiten erwiesen und gedeiht auch noch in rauen Lagen. Wegen der späten Blüte ist sie wenig frostempfindlich.

'Winter-Zitronenapfel'

Lagerapfel, Wirtschaftsapfel, Genussreife von Dezember bis April. Die sehr alte Sorte bringt große saftige Früchte mit gelber Schale. Der Geschmack ist säurebetont. Der Baum bringt hohen Ertrag, erfreut durch einen gesunden, kräftigen Wuchs und eignet sich auch für raue Lagen.

Birnen mit Historie

Unsere Kultursorten *(Pyrus communis)* gehen auf die in Mitteleuropa heimische Holzbirne *(Pyrus pyraster)* und auf Wildformen zurück, die aus Kleinasien nach Rom und von dort in nördliche Gefilde gelangten. In Frankreich und Belgien entstanden während des 18. und 19. Jahrhunderts viele heute noch hervorragende Züchtungen. Weil danach bis in neuere Zeit keine wesentlichen Entwicklungen stattfanden, ist das Sortiment der Birnen viel mehr als bei Äpfeln von alten Sorten geprägt.

Birnen sind hervorragende Hausbäume. Sie brauchen wenig Platz und blühen üppig.

Vielfältige Verwendung der Birnen.

Birnen richtig kultivieren

Birnen sind nur dort Delikatessen mit schmelzend süßem und saftigem Fruchtfleisch, wo ihre hohen Ansprüche befriedigt werden: Sie brauchen einen geschützten warmen Standort und humosen, nährstoffreichen Boden ohne allzu viel Kalk (die Folge wären Chlorosen). Dies gilt besonders für Spätsorten, die es in zu kalten Lagen oft an Aroma fehlen lassen. Deshalb erfolgt der Anbau häufig an Spalieren an einer sonnigen, geschützten Hauswand.

Weil auch Birnen fremde Bestäuber brauchen, muss in der Nähe mindestens ein weiterer Baum stehen. Das Veredeln von mehreren Sorten auf einer Unterlage (z. B. Quitten) ist eine brauchbare Lösung.

Auch Lagersorten lassen sich ohne technischen Kühlaufwand nur wenige Wochen lagern. Nach der Genussreife werden sie schnell mehlig und das Fleisch färbt sich braun.

Alte Birnensorten

'Bunte Julibirne'

Tafelbirne, Genussreife sehr früh, Mitte Juli. Diese geschätzte Hausgartensorte wurde 1857 von Boisbunel in Rouen gezüchtet. Die mittelgroße stumpfkegelige Frucht hat eine raue grünlich-gelbe Schale und süßsäuerliches Aroma. Der Baum wächst in die Höhe und braucht wenig Platz, trägt regelmäßig und kann bis in Höhenlagen angebaut werden. Sie ist ein guter Pollenspender und und wenig anfällig für Schorf.

'Gellerts Butterbirne', 'Beurre Hardy'

Tafelbirne, Wirtschaftsbirne, Genussreife Ende September bis Ende Oktober. Die weit verbreitete Standardsorte entstand 1838 in Frankreich. Sie bringt große, abgestumpft kegelförmige Früchte mit gelblich-grüner rauer, berosteter dünner Schale. Der Geschmack der sehr saftigen Früchte ist hervorragend, süß und schmelzend. Diese alte Sorte stellt an Boden und Klima keine hohen Ansprüche. Sie wächst stark und ist nicht für Spaliere geeignet.

Für die Herstellung von aromareichen Köstlichkeiten wie Saft und Obstbränden haben sich spezielle Sorten (z. B. 'Williams Christ') bewährt.

'Gräfin von Paris'

Tafelbirne für den Winter, Wirtschaftsbirne, Genussreife ab November bis Februar. Die in Frankreich entstandene Sorte bringt große, längliche Früchte mit gelblich-grünen, leicht zimtfarbig berosteter Schale. Das Fleisch ist angenehm süß, leicht

'Gellerts Butterbirne' schmeckt angenehm süß, zart und schmelzend.

'Gräfin von Paris' ist von hervorragender Qualität.

'Gute Luise', zur Ernte im Herbst.

würzig, schmelzend und saftig. Der frostharte Baum eignet sich für Spaliere und alle Formen, verlangt aber günstige Lagen.

'Gute Luise'

Tafelbirne für den Herbst, Genussreife Anfang bis Mitte September. Sie wurde 1778 in der Normandie von dem Franzosen de Longueval gezüchtet und nach seiner Frau Louise benannt. Die mittelgroßen bis großen Früchte sind länglich-eiförmig. Sie haben eine dünne glatte Schale und sehr saftiges süßes Fleisch mit wenig Säure und angenehmer Würze. 'Gute Luise' ist eine der besten Sorten für den Hausgarten und stellt an Boden und Klima keine hohen Ansprüche.

'Pastorenbirne'

Tafelbirne für den Winter, Wirtschaftsbirne, Genussreife spät, November bis Januar. Diese hervorragende Bauerngartensorte wurde schon um 1760 in Mittelfrankreich von einem Pfarrer gefunden. Die flaschenförmigen grüngelben, leicht geröteten mittelgroßen Früchte schmecken saftig, schwach süß und werden vorwiegend zum Einmachen und Kochen verwendet. Die Bäume sind starkwüchsig mit großer überhängender Krone.

'Stuttgarter Geißhirtle' (='Honigbirne')

Tafelbirne, Genussreife Ende August bis September. Diese südwestdeutsche Liebhabersorte soll um 1750 in der Nähe von Stuttgart von einem Ziegenhirten gefunden worden sein. Die Frucht ist klein, grüngelb mit Rötung auf der Sonnenseite, sehr saftig und mit schmelzendem Fleisch. Sie schmeckt lecker süß mit angenehmer edler Würze. Der mittelhohe Baum braucht wenig Platz, wächst in die Höhe und gedeiht in warmen, geschützten Lagen.

'Vereinsdechantsbirne'

Sehr beliebte Tafelbirne, Genussreife Ende Oktober bis Anfang Dezember. Ihre Früchte sind groß, bauchig und mit weißem saftreichem Fleisch. Der Geschmack ist vom Feinsten: süß, schmelzend und mit hervorragendem Aroma. Der Baum mit großer Krone trägt nicht regelmäßig. Er braucht einen warmen Standort und guten Boden.

'Vereinsdechantsbirne'

Zwei Birnen in einer Flasche.

'William Christ', 'Bartlett'

Tafelbirne, Wirtschaftsbirne, Genussreife September. Die weltbekannte Sorte wurde 1770 in Aldermaston, Berkshire, England, von dem Lehrer Stair gefunden und hat seitdem Liebhaber in der ganzen Welt begeistert. Die mittelgroßen Früchte haben eine hellgelbe dünne Schale, die auf der Sonnenseite leicht gerötet ist. Das sehr saftige Fleisch schmeckt angenehm süß mit muskatartigem feinem Aroma. Deshalb wird diese Birne nicht nur für den Frischverzehr, sondern auch zur Herstellung von Obstbränden verwendet.

Weitere alte Obstarten

Esskastanie, Marone *Castanea sativa*

Die seit Jahrtausenden genutzte Edelkastanie ist nicht mit der Rosskastanie, sondern mit der Buche eng verwandt. Ihre Heimat ist der Kaukasus. Ihre glänzend braunen Früchte stecken in Hüllen, die mit Stacheln bewehrt sind, bei Reife von selbst abfallen und aufgesammelt werden können. Ihr Geschmack ist frisch sehr angenehm nussig, nach

Esskastanien sind prächtige Bäume, die sogar im Norden gedeihen. Allerdings brauchen sie viel Platz. Immer paarweise pflanzen!

dem Garen in einem Kessel oder Rösten auf einem Grill (heiße Maroni) mehlig-süß. Dabei platzen die harten Hüllen auf. Maroni ergeben an kalten Herbsttagen einen beliebten Snack. In der Küche passen sie zu edlen Wildgerichten oder als Beilage zu Fleisch. Ihr Nährstoffgehalt ist sehr hoch, weshalb sie in Frankreich und im Mittelmeerraum als Winternahrung für Menschen und Tiere sehr begehrt waren. Die bis zu 30 m hohen, attraktiv aussehenden Bäume brauchen viel Platz, doch gibt es in Baumschulen durchweg veredelte Pflanzen, die nur 4 bis 5 m hoch werden und deshalb besser in Gärten passen. Etwa fünf Jahre nach dem Pflanzen kann man im Oktober mit der ersten Ernte rechnen. Da sie sich nicht selbst bestäuben, müssen wenigstens zwei Bäume gepflanzt werden. Die grünlichen rutenförmigen nektarreichen Blütenstände erscheinen im Mai/Juni und sind ein Fest für die Bienen. Esskastanien gedeihen keineswegs nur im Süden, sondern bringen auch in Norddeutschland Erträge, die allerdings stark schwanken können. Sie stellen wenig Ansprüche und nehmen auch mit humosen Sandböden vorlieb. Besonders attraktiv sehen sie zur Blütezeit aus.

Schwarze Maulbeeren (hier: *Morus nigra* 'Pendula') sind ein lohnendes Naschobst, das süß schmeckt und reichlich trägt.

Maulbeere
Morus alba, M. nigra

Maulbeeren haben schon seit Urzeiten die Menschen beschäftigt. Die Blätter der weißen Art *(Morus alba)* aus China werden auch heute noch zur Seidenraupenzucht verwendet. Die Schwarze Maulbeere *(Morus nigra)* stammt aus Zentralasien. Der bis 10 m hohe breitkronige Baum fand über Kleinasien und die Römer schon frühzeitig den Weg in europäische Gärten. Die 2 bis 3 cm langen Früchte sehen wie Brombeeren aus, schmecken angenehm süßsäuerlich und sind daher als Naschobst willkommen, das man frisch genießen oder zu Marmelade, Saft und Gelee verarbeiten kann. Besonders veredelte Exemplare der Hängeform *(Morus nigra* 'Pendula') ergeben im Jugendstadium ein wertvolles Topfobst für die Terrasse, das man von Juli bis Oktober laufend abernten kann. Ausgepflanzt vertragen die Bäumchen mit den hübschen Blättern und interessanten Blüten mäßigen Frost. Sie wollen dennoch etwas geschützt stehen, z. B. in einem sonnigen Innenhof oder auf einer Terrasse.

Mispel
Mespilus germanicus

Obwohl ihr wissenschaftlicher Name eine Heimat in Deutschland vermuten lässt, stammt diese seit Jahrtausenden in Mitteleuropa verbreitete Obstart aus Kleinasien. Allerdings hatten die Germanen eine ausgesprochene Vorliebe für die im Spätherbst reifenden bräunlichen Früchte, die an ca. 3 bis 6 m hohen, buschartig verzweigten Bäumen erscheinen. Damit sie weich und genießbar werden, brauchen sie die Einwirkung von Frost. Sie haben dann einen mehlig-süßen Geschmack und lassen sich kochen, für Gebäck, Desserts und als Beilage zu Fleischgerichten verwenden. Attraktiv sind auch die weißzartrosa Blüten, die bis 8 cm Durchmesser erreichen.

Mispeln schmecken erst nach Frost.

Speierling
Sorbus domestica

Der seit uralten Zeiten genutzte Speierling ist eng verwandt mit der Vogelbeere und gilt als eines der schönsten Gehölze Mitteleuropas. Früher war der bis zu 15 m hohe Laubbaum weit verbreitet. Die walnussgroßen rötlichen runden Früchte reifen Anfang September bis Ende Oktober. Sie sind wegen ihres Gerbsäure- und Bitterstoffgehaltes roh nicht genießbar, werden aber gedünstet als Zusatz

Der Speierling bringt runde Früchte.

zu Apfelwein genutzt oder zu Schnaps (Sorbette) verarbeitet. Das sehr harte und haltbare Holz wurde von unseren Vorfahren für Billardstöcke, Schnitzarbeiten, Radnaben oder Obstpressen gebraucht. Der Speierling ist anspruchslos und gedeiht noch auf trockenen kargen Böden.

auf einen blick

- Alte Obstsorten und - Spezialitäten zeichnen sich durch besonderes Aroma aus, was sie für die regionale Küche unverzichtbar macht.
- Robust haben sie sich dem örtlichen Klima angepasst und können so manch neuerer Züchtung Paroli bieten.
- Besonders bei Birnen ist der Anteil alter, beliebter Sorten sehr hoch.

Pflanzenschätze aus Großmutters Nutzgarten

Viele Obst- und Gemüsesorten sowie Kräuter von früher sind wahre Leckerbissen. Wer möchte heute auf Rauke, Bärlauch, Zuckerschoten oder den zierlichen roten Lollo-Salat verzichten? Sie alle sind nicht neu, waren aber lange vergessen und haben erst seit kurzem den Feinschmeckermarkt neu erobert.

Alte Gemüse sind wieder modern

Um wie vieles trister wäre die Welt, gäbe es nicht die bunte, Appetit machende Vielfalt der Gemüse. Und jene herrlich deftigen Gerichte aus der Region, die nur noch die Oma kochen kann und nach denen sich Kinder und Erwachsene gleichermaßen sehnen.
Auch bei den Köchen hat es sich herumgesprochen, dass es bei den alten Küchenschätzen Interessantes zu entdecken gibt. Statt Toast Hawaii mal wieder Bodenständiges – das kommt an.

Frisches aus dem Hochbeet

Freude hat man im Garten dann, wenn sich die Mühe lohnt und die Pflanzen gut gedeihen. Das gelingt sogar auf kleinen Flächen, zum Beispiel in einem Hochbeet, das man selber aus Baumarkt-Hölzern basteln und an einer sonnigen Stelle aufstellen kann. Der große Vorteil: Der fruchtbare Kasten schluckt alles, was im Garten an Gehölzschnitt, Laub, Schreddermaterial oder Kompost anfällt, und setzt es in fruchtbare Erde um. Obenauf kommt eine 8 cm tiefe Schicht vorgedüngte Pflanzenerde aus dem Gartencenter, in der man säen und pflanzen kann. Und noch ein Plus: Man braucht sich nicht zu bücken. Ob Gurken, Tomaten, Salat, Mangold oder Stielmus – dank wärmerer Lufttemperaturen legen sogar die tropischen Bataten richtig los. Und Frühkartoffeln kann man schon ernten, wenn andere noch die Reihen anhäufeln. Das Hochbeet wird dank Mischkultur intensiv genutzt. Wo ein Platz frei wird, kann man ihn rund ums Jahr bald mit Schnellwüchsigem füllen. Frostbeständige

◀ Küchengärten können besonders charmant und dekorativ sein. Blumen und Gemüse wachsen nebeneinander.

Klein, aber fein und ertragreich. Durch die Bepflanzung mit Gemüse- und Kräuter-Mischkulturen gibt es immer etwas Frisches zu ernten.

Hochbeet mit alten Gemüsen

Ein Hochbeet braucht wenig Platz und lässt sich ohne Bücken leicht pflegen. Hier sind in Mischkultur gepflanzt (im Uhrzeigersinn): Erdbeerspinat, Salatrauke, Butterkohl, Löffelkraut, Mangold, Forellensalat, Spargelsalat, Rote Bete 'Chioggia', Mairüben, gelbe und weiße Gurken und die Tomaten 'Johannisbeer', 'Andenhorn', 'Green Zebra'.

Ein tischgroßes Square-Foot-Minibeet

In Karrees von je 30 cm kann man nach Lust und Laune verschiedene Gemüse, Kräuter, Erdbeeren und Blumen pflanzen.

Winterkulturen sind zum Beispiel Winterportulak, Bremer Scherkohl, Pastinaken und würzige Etagenzwiebeln.

Gärtnern im Karree

Es ist erstaunlich, was eine kleine Familie aus einem Minigarten ernten kann. Nicht größer als ein Tisch, bietet das Säen und Pflanzen im »square foot garden« ein Optimum an Ertrag und Platzausnutzung. Nach amerikanischem Vorbild teilt man die Fläche nicht in Reihen, sondern in Karrees von 30 oder 40 cm Länge. Hierauf passen 5 Kohlrabis oder 4 Köpfe Salat, eine Tomate, ein Spitzkohl oder eine Kartoffelpflanze, mehrere Reihen Teltower Rübchen, Stielmus oder Spargelerbsen – immer gerade genug für eine Mahlzeit oder zum gesunden Naschen. Nach der Ernte wird sogleich wieder gesät oder gepflanzt, ganz nach Belieben und was der Familie gefällt. Auch Blumen oder Erdbeeren dürfen die Karrees erobern.
Weil man das Minibeet von allen Seiten gut erreichen kann, fallen die wenigen Pflegearbeiten und das Gießen nicht schwer. Ringsum können Sie schnellwüchsige Kräuter oder niedrige Blumen aussäen. Soll das Beet dauerhaft gefallen, ist eine Bördüre aus Holz oder niedrigem Buchs angebracht.

Vielfalt lockt Nützlinge

Ist Ihr Garten größer, können Sie ihn mit praktischen Ziegelwegen unterteilen und mit Buchs oder Pfingstnelken dauerhafte Beete einrichten.
In einem lässig charmanten Bauerngarten vertragen sich Stangenbohnen mit Salatrüben, Kartoffeln und Spargelsalat. In den Ecken dürfen Kräuter wie Bärlauch und Koriander gedeihen, in fröhlicher Nachbarschaft mit Sommerblumen und Stauden. Dazwischen blüht Mohn, und Erdbeerspinat glänzt mit leuchtend roten Früchten.
Diese Vielfalt zieht nützliche Blattlausvertilger an und schafft eine Atmosphäre, in der die Gartenpflege zur Freude und echten Entspannung wird.

Fruchtgemüse

Die Einteilung der Gemüse nach den genießbaren Pflanzenteilen richtet sich nach Empfehlungen des Bundessortenamtes. Das ist nicht immer ganz genau, dafür aber anschaulich. Entdecken Sie die interessanten Spezialitäten!

Körnerbohnen, Perlbohnen, Prunk-(Wachtel-)bohnen
Phaseolus vulgaris var. *vulgaris, Phaseolus coccineus*

Stangenbohnen, Buschbohnen und die rot oder weiß blühenden Prunk- oder Feuerbohnen fanden nach der Entdeckung von Amerika schnell Eingang in Europa. Von der ursprünglichen Vielfalt sind im Wesentlichen nur noch grün- und gelbhülsige Sorten geblieben. Diese haben heute durchweg zarte Hülsen, die frei sind von unangenehmem Bastgewebe, und auch die lästigen Fäden, die unseren Vorfahren den Genuss grüner Bohnen verleideten, hat man weggezüchtet. Früher wurde viel Wert gelegt auf die schmackhaften und nahrhaften Körner, die sich gut lagern und transportieren lassen. Werden sie über Nacht eingeweicht oder palt man sie schon halbreif aus, kann man daraus leckere Bohnensuppen oder deftige Balkan- und italienische Salate bereiten. Bekannt sind hierfür die 'Borlotti'-Bohnen aus Italien, die mit ihren zunächst braunen, in der Abreife aber lebhaft rot gestreiften Hülsen (»Feuerzungen«) auch attraktiv aussehen.
In Österreich werden die »Kipfler« (mit gekrümmten Hülsen) oder die zu den Prunk- oder Feuerbohnen zählenden **Wachtelbohnen** noch als Sorten geführt und in der Steiermark züchterisch erhalten. Ihre Körner sind teils wunderschön gefleckt und von attraktiver Farbe. Reste der alten Vielfalt haben sich auch in der Schweiz erhalten, mit den spät reifenden Stangenbohnen 'Berner Landfrauen', die grün-braun gefleckte Hülsen haben und besonders gut schmecken.
In Norddeutschland, in Frankreich und Holland gibt es als regionale Spezialität noch die **Perlbohnen** oder »Türkischen Erbsen«, die sich durch weiche, fadenlose, angenehm schmeckende grüne Hülsen auszeichnen. Selbst bei Überreife werden sie nicht hart. Reifen die Körner aus, zeichnen sich die erbsengroßen runden Körner deutlich ab, was ihnen zu dem ungewöhnlichen Namen verhalf. Man

Perlbohnen (Türkische Erbsen) haben zarte Hülsen. Die reifenden Körner sind dabei als Höcker sichtbar.

verzehrt sie mitsamt der Hülse und genießt den kernigen, kräftigen Geschmack. Die niedrige, buschig wachsende Sorte 'Zucker Perl Perfektion' ist schon nicht mehr im Handel. Die ca. 2 m hohe Stangenbohne 'Zuckerperl Prinzess' ('Soissons') wurde dagegen vom Freilichtmuseum Kiekeberg in Rosengarten bei Hamburg weiter vermehrt.
Kultur und Pflege: Alle Bohnen bevorzugen einen warmen, humosen, auch sandigen Boden. Säen Sie deshalb nur in abgetrockneten und genügend erwärmten Boden. Nässeperioden führen leicht zum Verfaulen, deshalb nicht vor Mitte Mai

Samen der Prunk- und Körnerbohnen.

Puffbohnen – ein sehr altes Gemüse.

säen und besser auf günstige Bedingungen warten. Buschbohnen sät man in 2 bis 3 cm tiefe Rillen mit 8–10 cm x 40 bis 50 cm Reihenabstand. Stangen- und Feuerbohnen brauchen Halt an 2 bis 2,50 m hohen Stangen, die man entweder kreisförmig als Zelt (z. B. als Tipi für Kinder) oder im Abstand von ca. 60 cm gegeneinander stellt und durch darüber gelegte Stangen festigt. Um jede Stange werden kreisförmig 6 bis 8 Samen 3 bis 4 cm tief ausgelegt. Auch die Kultur an Schnüren oder Netzen ist möglich. Besonders zur Zeit der Blüte und des Hülsenansatzes brauchen Bohnen genügend Feuchte und Nährstoffe.

Tipp: Ernten Sie die Hülsen noch jung, dann sind sie zart und der Fruchtansatz hält bis in den Spätherbst an.

Puffbohne, Dicke Bohne
Vicia faba var. *major*

Die Puffbohne stammt aus dem Vorderen Orient und ist eine unserer ältesten Kulturpflanzen. Römer brachten die Pflanzen mit nach Mitteleuropa, wo sie in küstennahen Gebieten noch heute besonders gut gedeihen. Unseren Vorfahren waren die eiweiß- und mineralstoffreichen trockenen Körner wichtig, weil sie sich als Wintervorrat gut lagern lassen. Die aus den dickschaligen Hülsen gepalten zarten frischen Körner werden heute als sommerliche Delika-

Rezeptvorschlag

Birnen, Bohnen und Speck

Für 4 Personen nimmt man 1 kg halbreif geerntete Hülsen der Türkischen Erbsen, d.h. solche mit starker Kernmarkierung, 500 g Kochbirnen, 500 g durchwachsenen Speck, 3/4 Liter Wasser, 2 EL Mehl, Salz, Pfeffer, Petersilie zum Darüberstreuen. Die Bohnen werden gewaschen, in Stücke geschnitten und zu dem Speck gegeben, der separat in Wasser ca. 60 Minuten gekocht wird. Nun die gewaschenen, nicht geschälten Birnen mitsamt dem Stiel, aber ohne Blütenansatz auf die Bohnen legen und alles zusammen weitere 20 Minuten kochen lassen. Den Speck in Scheiben schneiden, die Bohnen mit Salz, Pfeffer und Essig abschmecken und eventuell mit einer weißen Mehlsoße binden. Mit gehackter Petersilie überstreuen. Alles wird zusammen angerichtet und zu Salzkartoffeln gegeben.

tesse als Beilage zu Fleisch mit holländischer Soße geschätzt oder wie Bohnensalat angerichtet. Man unterscheidet nach Kornfarbe. Grünkernige Sorten wie ‘Hangdown grün’, ‘Con Amore’ und ‘Piccola’ sind angenehmer im Geschmack als die weißkörnigen (z. B. ‘Hangdown weiß’).

Kultur und Pflege: Weil Puffbohnen bei Hitze von schwarzen Läusen befallen werden und darunter der Ertrag leidet, werden die kälteverträglichen Samen so früh ausgesät wie möglich (Februar bis Anfang Juni), und zwar 8 bis 12 cm tief, was die Standfestigkeit erhöht. Alle 10 cm steckt man 1 bis 2 Körner im Reihenabstand von 50 cm.

Tipp: Die Pflanzen brauchen viel Wasser und gedeihen deshalb besonders gut auf lehmigen feuchten Böden.

Kapuzinererbse, Blauschokker
Pisum sativum convar. *speciosum*

Diese ungewöhnlichen Erbsen mit 5 bis 6 cm langen violettblauen Hülsen gehören zu den traditionellen Delikatessen im ostfriesischen und holländischen Raum. Man kann die frisch ausgepalten, leicht süß schmeckenden Erbsenkörner frisch naschen oder gedünstet auf den Tisch bringen. Üblicher ist die Verwendung als graue Trockenerbsen, die nach dem Quellen über Nacht gekocht und mit etwas Salz und Senf gewürzt auf den Tisch kommen. Den richtigen Geschmack bringen separat ausgebratener gewürfelter Speck und in einer Pfanne knusprig braun gebratene Zwiebeln. Eine beliebte Beigabe sind auch eingelegte süßsaure Pflaumen in ihrem Saft.

Kultur und Pflege: Anzucht und Pflege der ca. 80 bis 120 cm hohen Kapuzinererbsen gleichen denen von Markerbsen. Man sät Anfang April bis Mai 2 bis 3 cm tief in Saatrillen im Abstand von 3 bis 5 cm, bietet den Pflanzen Halt an Reisig und häufelt an, wenn die Triebe handhoch sind. Dann arbeitet man auch 40 bis 50 g Mineraldünger/m² mit einer Kralle leicht ein.

Spargel- bzw. Flügelerbse
Lotus tetragonolobus

Attraktiv sind die purpurroten Blüten, mit denen sich die ca. 40 cm hohe, buschig wachsende Pflanze schmückt. Die aus Südeuropa stammende Kleeart

Kapuzinererbsen mit blauen Hülsen.

Spargel- oder Flügelerbsen.

wurde in manchen Regionen in großem Umfang angebaut, in anderen war sie vollkomen unbekannt. Sie bringt viele 5 bis 6 cm lange, kantig wirkende geflügelte Hülsen mit erbsenähnlichen Körnern. Sie reifen schnell ab und verlieren dann ihre Süße. Deshalb werden sie schon jung geerntet und ergeben dann ein schmackhaftes Kochgemüse, das an Spargel erinnert.
Kultur und Pflege: Die buschig verzweigten Pflanzen gedeihen auf jedem nicht zu trockenen Gartenboden. Man sät sie ähnlich Buschbohnen ab Mitte April bis Ende Juli direkt ins Freie aus, entweder alle 7 bis 10 cm 1 Korn in 2 bis 3 cm tiefe Rillen oder im Abstand von 40 cm jeweils 4 bis 5 Körner Die Pflanzen brauchen keinen zusätzlichen Halt, man häufelt sie lediglich bei Handhöhe mit Erde etwas an. Erntezeit ist von Juli bis Oktober, jeweils über eine Periode von 4 bis 5 Wochen.

Bis 60 cm lang sind Aziagurken.

Gelbe und weiße Gurken
Cucumis sativus

Nur noch selten trifft man in Hamburg und an der Küste auf die früher so beliebten Azia-(Asia-)Gurken. Die Samen der bis zu 60 cm langen und 4 bis 5 kg schweren Riesengurken brachten vermutlich Seeleute aus Indien mit. Die Schale des echten Typs reift gelb ab und ist schwarz bestachelt. Ihr Inneres ist festfleischig und weiß, der samenhaltige Teil sehr klein, so dass beim Schälen und Würfeln in ca. 4 cm lange Stücke wenig Abfall anfällt. Sie werden wie grün bleibende Schälgurken süßsauer eingelegt, mit Zucker, Nelken, Zimt, etwas Dill, Senfkörnern und etwas Ingwer in kochendem Wasser 5 Minuten lang gegart und nach dem Einfüllen in Gläsern im Winter zu Fleisch serviert. Noch erhältlich ist die Sorte ‘Dickfleischige Gelbe’.

Weiße Salat- und Einlegegurken waren im 19. Jahrhundert fast so verbreitet wie grüne. Man sagte ihnen eine weichere Schale und milderen Geschmack nach. Noch heute gibt es die Sorten ‘Long White’ und ‘Paris White’.
Kultur und Pflege: Aussaat in Töpfe April bis Anfang Mai, jeweils 2 Samen pro Topf bei 18–25 °C. Nach den Frösten Mitte Mai bis Anfang Juni auspflanzen auf einem geschützten sonnigen Platz oder im Frühbeet im Abstand von 30 x 150 cm. Günstig ist das Abdecken der Beete mit schwarzer Mulchfolie. Gepflanzt wird in kreuzförmige Einschnitte. Erntezeit ist August/September.
Tipp: Bei Trockenheit können diese alten Sorten bitter schmecken. Deshalb schält man die Haut ab, und zwar von der Spitze zum Ansatz.

Tomaten-Spezialitäten
Lycopersicon esculentum

Schon kurz nach der Entdeckung Amerikas durch Christoph Kolumbus gelangten Samen aller 4 Tomatenarten an europäische Fürstenhöfe. Aus diesen leiten sich die vielen heute bekannten Tomatenspezialitäten ab: Aus *Lycopersicon esculentum* var.

cerasiforme wurde die heute so beliebte **Kirschtomate,** aus var. *esculentum* die großfrüchtige **Fleisch-** und **Stabtomate,** aus var. *pyriforme* die **pflaumenförmige Tomate.** Die zierliche, kleinfrüchtige **Johannisbeertomate** blieb über die Jahrhunderte nahezu unverändert, vor allem wohl deshalb, weil ihre Früchte an johannisbeerähnlichen Rispen zu klein sind, um ein echtes Nahrungsmittel abzugeben. Hier überwiegt eher der Ziereffekt. Trotzdem können die runden beerengroßen Früchte mit sehr gutem, obstartig süß-fruchtigem Geschmack aufwarten, was eine Kultur rechtfertigt. Auch werden Früchte und Pflanzen offenbar nicht von der sonst so gefürchteten Kraut- und Braunfäule *(Phytophthora infestans)* der Tomate befallen. Der Wuchs der sich nach allen Richtungen wild verzweigenden, ca. 60 cm hohen Pflanzen ist üppig, ein Ausbrechen lohnt sich nicht; dafür kann man sie gut in dekorativen Töpfen halten. Gute Sorten sind 'Johannisbeertomate Orange' und 'Spoon'. Johannisbeertomaten kann man frisch genießen, für Dekorationen verwenden, sauer einlegen oder zu einem Kompott verarbeiten.

Die Vielfalt der Tomatensorten in Bezug auf Form, Farbe und Aroma ist riesengroß.

Lange Zeit wurden Tomaten eher als Zierpflanzen mit skurrilen Formen betrachtet, weil man nicht nur die grünen, sondern auch die rot, gelb, weiß oder violett abreifenden Früchte (wie bei vielen Nachtschattengewächsen) für giftig hielt. Zuerst in Italien, später auch in anderen Teilen Europas lernte man dann jedoch die geschmacklichen Reize der »Paradeiser« (so heißen sie in Österreich) kennen. Der echte Durchbruch erfolgte nach dem Ersten Weltkrieg um 1925, als mit der Züchtung der Sorte 'Moneymaker' und ihren zahlreichen Nachkommen

Johannisbeertomaten

brauchbare runde Früchte, hoher Ertrag und aromatischer Geschmack zusammenkamen. Geflammte grüne Zeichnung am Fruchtansatz mündet bei vielen Sorten bei Trockenheit in hartes, festes gelb-grünes Gewebe (den sog. Grünkragen), das ungenießbar ist und ausgeschnitten werden muss. Diese Eigenschaft bringt aber offenbar auch – genetisch bedingt – kräftig-angenehmes Aroma mit sich. So kommt es, dass viele der älteren Sorten (z. B. 'Rheinlands Ruhm' und 'Harzfeuer') als besonders wohlschmeckend gelten. Erst seit den letzten Jahren gibt es runde Stabtomaten, die gute Qualität mit hervorragendem Geschmack verbinden (z. B. 'Aranca', 'Picolino' und 'Culina'). Unter den rund 2000 Sorten, darunter viele alte Tomatenspezialitäten, die es auf Märkten und bei Saatgutspezialisten gibt, ragen einige wegen ihres Geschmacks hervor:

- **'Green Zebra'** ist eine alte, runde, mittelgroße und schnittfeste Stabtomate mit ausgezeichnetem Geschmack. Ihre Früchte sind nicht rot, sondern grün und stark geflammt. Sie sind reif, wenn die grüne Haut einen gelblichen Schimmer annimmt.
- **'Tigerella'** hat malerisch gestreifte runde Früchte mit sehr gutem Aroma. Sie reift früh mit mittlerem Ertrag.
- **'Teardrop'** ist eine Cocktailtomate mit ca. 100 cm hohem Wuchs. Die kleinen länglichen orangeroten Früchte schmecken herrlich aromatisch.

Weitere Sorten fallen auf durch besondere Fruchtform (z. B. 'Andenhorn' mit riesigen rot-gelben, spitzen Früchten oder 'San Marzano' mit eierförmigen Früchten, spät reifend, aber reich tragend und für Tomatenmark, Ketchup, zum Schälen, Trocknen, Kochen und Grillen geeignet), durch besondere Gesundheit (wie die »Baumtomate« 'De Berao' mit großen breitrunden Früchten, rot, mittlerer Geschmack, aber besonders widerstandsfähig gegen die Kraut- und Braunfäule) oder durch frühe Reife (etwa die alte englische kartoffelblättrige Stabtomate 'Bloody Butcher' mit leuchtend roten Früchten).

Stabtomaten 'Tigerella'.

Kultur und Pflege: Die Tropenkinder aus Süd- und Mittelameri-

So gießen Sie leichter, effektiver und ohne die Erde zu verschlämmen: Senken Sie für die wasserbedürftigen Pflanzen je einen Tontopf dicht am Stängel in den Boden. Gegossen wird dann via Topf.

ka brauchen einen sonnigen und warmen geschützten Platz im Freien oder im Gewächshaus und nährstoffreiche, humose und feuchte Erde, die nicht schnell austrocknet. Gesät wird in Vorkultur am Fensterbrett oder im Gewächshaus von Ende Februar bis Anfang April bei 18–25 °C.

Tipp: Um sich das lästige Pikieren zu sparen, können Sie gleich in Topfplatten säen, jeweils 3 bis 4 Samen pro Topf. Bald nach dem Aufgang werden alle schwächlichen Sämlinge entfernt, nur die stärkste Pflanze darf weiter wachsen und formt einen gut durchwurzelten Ballen, der für das Anwachsen wichtig ist.

Erst nach Mitte/Ende Mai dürfen die frostempfindlichen Pflanzen bei sonnigem warmem Wetter nach draußen. Pflanzabstand ist 60–80 x 80 cm. Geben Sie hohen Stabtomaten gleich einen Halt an Stäben. Brechen Sie von Juni bis September laufend die Seitentriebe aus, sonst entwickeln sich wirre Büsche, steigt die Anfälligkeit gegen Krankeiten und erhalten die Früchte nicht genug Sonne. Bei Buschtomaten entfällt diese Arbeit. Düngen Sie mit dem Gießwasser in der Wachstumszeit von Juni bis Mitte August wöchentlich flüssig, entweder organisch oder mineralisch. Streut man Langzeit-Tomatendünger, sind die Pflanzen immer gut versorgt. Überbauen mit einem Foliendach schützt die Pflanzen vor der gefürchteten Kraut- und Braunfäule, die Blätter und Früchte unrettbar befällt.

Kartoffel, Erdapfel
Solanum tuberosum

In vielen Ländern gelten die in den Hochgebirgen Südamerikas bis in 4000 m Höhe beheimateten Verwandten der Tomate nicht nur als »Sättigungsbeilage«, sondern als Feingemüse. Schon indianischen Hochkulturen wie den Inkas diente die eiweiß- und stärkereiche Kartoffel als Lebensgrundlage. Ob nun der englische Seefahrer Sir Francis Drake oder der mit den spanischen Eroberern reisende Schreiber Pedro de Cieza de Leon die anfangs nicht sonderlich geschätzten Knollen als Erster nach Europa brachte, ist nicht ganz klar.

In der Folge entwickelte sich die Kartoffel jedenfalls allmählich zum Volksnahrungsmittel. In Irland wurde sie bereits 1588 angebaut. Die hohen Erträge auf kleinen Flächen und mageren Böden schufen freilich die Voraussetzung für eine viel zu intensive Bewirtschaftung, die in einer Katastrophe endete: Nasses Wetter führte 1845 und

Kartoffeln bringen mehr Ertrag, wenn man sie nach dem Erscheinen der Blätter anhäufelt.

Ein Sortiment von alten gelben und blauen Kartoffelsorten mit aromatischem Geschmack.

nochmals 1848 zu einem starken Befall der auch heute noch nicht vollständig besiegten Kraut- und Braunfäule *(Phytophthora infestans,* siehe Tomaten S. 60), die fast die gesamte Ernte vernichtete. In der Folge verhungerten ca. 1 Million Menschen, weitere 1,5 Millionen flüchteten nach Amerika. Auch in Deutschland, wo nach der ersten Kultur in Breslau (schon um 1587) Friedrich der Große 1756 am Vorabend des Siebenjährigen Krieges für eine weite Verbreitung der Kartoffel sorgte, sorgte diese Krankheit 1916 und 1917 für schlimme Mangelversorgung der Bevölkerung.

Nicht essbar sind die grünen Samenbeeren, die den giftigen Stoff Solanin enthalten, ebenfalls nicht genießbar alle grünen Pflanzenteile einschließlich vergrünter Knollenteile, die man deshalb beim Zubereiten ausschneiden muss. Eine Zierde bilden dagegen die weißen, rosa, blassblauen oder violetten Blüten, ebenso die länglichen, runden oder gebogenen Knollen, die es in zahlreichen zartgelben, rosa oder violetten Sorten gibt. In Liebhabergärten ist das Interesse an Früh- und Lagerkartoffeln wieder groß, denn die frisch geernteten aromatischen Knollen ausgewählter Sorten zählen zum Feinsten, was der Garten bieten kann.

Obwohl den **historischen Sorten** besonders guter Geschmack nachgesagt wird, dürfte dies nur in wenigen Fällen wirklich zutreffen. Es gilt also auszuwählen. Gutes Aroma haben geschätzte Liebhabersorten wie ‘Bamberger Hörnle’ mit rosa Schale (1870) und die ähnliche ‘La Ratte’ aus Frankreich (1871, festkochend, 8–10 cm lang, leicht hörnchenförmig gebogen, Schale und Fleisch gelb, nussiger Geschmack), ‘Hermanns Blaue’ (um 1850 in Deutschland, vorwiegend festkochend, blaue Schale, blaues Fleisch), ‘Sieglinde’ (Deutschland 1935, vorwiegend festkochend, gelbfleischig, länglich-rund mit angenehm cremigem Geschmack, ehemals sehr beliebte Frühkartoffel).

Leider nicht mehr sehr gefragt sind die in der Schüssel schon mal auseinander platzenden Sorten mit intensivem mehligem Geschmack, obwohl sie sich hervorragend für Kartoffelpüree, für Kartoffelsuppe und als Salzkartoffeln eignen. Gute Sorten von früher sind z. B. ‘Reichskanzler’ (1885, spät reifend, mit rosa Schale und weißem Fleisch), ‘Ackersegen’ (1929, spät reifend, mit hohem Ertrag, gelbfleischig, runde Knolle, sehr guter Geschmack).

Viel Interesse finden alte **Sorten mit blauen und rosa Knollen** wie ‘Odenwälder Blaue’ (1908, lilablaue Schale aber gelbes Fleisch, mittelfrüh, mehligkochend), ‘Blauer Schwede’ (auch ‘Blue Congo’ genannt, Herkunft und Alter unbekannt, vorwiegend festkochend, blaue Schale, blaues Fleisch, Knollen rundoval, mittelfrüh), 'Roseval' (aus Frankreich 1950, festkochend, rote Schale, Fleisch gelb, mittelspät, Knollen länglich oder oval, guter cremiger Geschmack). Heutige gut schmeckende Frühsorten sind 'Erstling', 'Christa', 'Saskia', 'Leyla'. Mittelfrüh reifen 'Charlotte', 'Gloria', 'Granola', 'Rosella', 'Hansa'. Zum Einlagern eignen sich außerdem 'Astrid', 'Cilena', 'Forelle', 'Linda', 'Nicola' und 'Quarta'. Kartoffeln werden als Beilage zu Fleisch- und Fischgerichten verwendet, für Suppen, Salate, Kartoffelpüree, Klöße, Pellkartoffeln. Chips, Pommesfrites und Wedges sind neuere Zubereitungsformen. Ob man sie lieber geschält oder wie häufig im Ausland samt belassener Schale isst, bleibt Geschmackssache.

Kultur und Pflege: Volle Sonne und ein sandig-humoser Boden lassen Frühkartoffeln schon Ende Juni reifen, Lagersorten brauchen 2 bis 3 Monate mehr. Zum Keimen benötigen die frostempfindlichen Starkzehrer eine Mindestbodentemperatur von 7 °C, die je nach Klima Anfang April bis Mitte Mai erreicht wird. Man legt die Knollen im Abstand von 30 bis 40 cm 8 bis 10 cm tief in Reihen, die 40 bis 50 cm auseinander liegen. Anhäufeln, nachdem die ersten Blätter 15 cm hoch sind. Bewährt hat sich das Abdecken der Beete mit schwarzen oder transparenten Folien, was die Ernte um 2 bis 3 Wochen verfrüht. Häufiges Hacken und Wässern bei Trockenheit fördert die Reife, die sich durch gelb werdendes Laub ankündigt. Schon ab Juli bis Oktober kann man ernten. Mit einer Grabegabel werden die Knollen herausgehoben. Sie lassen sich an trockener frostfreier Stelle locker aufgeschüttet lange lagern.

Tipp: Zum Vorkeimen eignen sich flache Kisten oder Eierdeckel. Ende Februar/Anfang März können Sie darin die kleinen Saatkartoffeln ohne Erde und bei 10–15 °C an einem hellen Ort auslegen. Zum frühesten Pflanztermin haben sie dann schon Triebe gebildet.

Kartoffeln 'Blauer Schwede'.

Rote Süßkartoffeln.

Süßkartoffel, Batate
Ipomoea batatas

Zur Kaiserzeit war die aus den tropischen Kolonien rund um den Erdball importierte Batate im französischen und im englischen Kulturbereich ein begehrtes und »feines« Gemüse, konnte sie doch mit ihrem süßen Geschmack den damals noch teuren Zucker ersetzen. Seit wenigen Jahren erlebt die Süßkartoffel nun wieder gesteigertes Interesse als wüchsige Bodendecker-,

Hänge- oder Balkonkastenpflanze mit langen Trieben, überhängendem Wuchs und je nach Sorte ausdrucksvollen hellgrünen, dunkelvioletten oder violett-weiß gestreiften Blättern. Es gibt wie bei Kartoffeln Sorten mit gelben und mit rosa Knollen, die sich lange lagern lassen. Gut genährte Zierpflanzen können auch verwertbare Knollen tragen. Im Herbst sind unter den üppigen Trieben kartoffelähnliche längliche Knollen zu finden, die man nach exotischen, aber auch ganz einfach und schmackhaft nach Karottenrezepten zubereiten kann.

Kultur und Pflege: Das Windengewächs gedeiht auch hierzulande an geschützter sonniger Stelle im Freien und zeigt bei guter Entwicklung die typischen rosa Windenblüten. Ab April werden die Knollen (bzw. Teilstücke davon oder bewurzelte Stecklinge) in größeren Töpfen vorgezogen und nach den Frösten an warmer, sonniger Stelle ins Freie gepflanzt (Abstand 60 x 60–80 cm).

Tipp: Man kann die Pflanzen auch in großen Gefäßen kultivieren, muss aber dann für genügend Wasser und flüssige Düngung alle 2 Wochen sorgen, damit sich dicke Knollen bilden.

Pastinaken vertragen Frost. Dank dem süßen Geschmack zählen sie zu den besten Wintergemüsen.

Pastinake, Hammelsmöhre *Pastinaca sativa*

Die Pastinake ist in Europa heimisch und zählt als wirklich empfehlenswerte Delikatesse zu den wieder häufiger verwendeten Wurzelgemüsen. In Ostpreußen waren Pastinaken (wie in England) sehr begehrt und sind es heute als schmackhaftes Herbst- und Wintergemüse wieder. Nahe Verwandte sind Möhren und Wurzelpetersilie. Die dunkelgrünen, kräftigen Blätter erinnern an Sellerie, sind jedoch größer und leicht behaart, von rauer Struktur. Das Laub wird ca. 60 cm hoch. Die dicken weißen Wurzeln erreichen 20 bis 25 cm Länge und schmecken angenehm süß-aromatisch. Man verwendet sie gekocht, in Suppen oder püriert. Auch Babynahrung werden sie gerne hinzugefügt, denn das enthaltene Carotin ist für den Körper leichter verfügbar als das von Möhren. Pastinaken gehören zu den wenigen frostbeständigen Gemüsen, so dass man sie im Winter aus dem Boden immer frisch ernten kann.

Kultur und Pflege: Pastinaken gedeihen auf leichten, sandigen, humosen, auch lehmigen Böden, die vor allem tief gelockert und ohne stauende Nässe sein sollten. Sie brauchen volle Sonne und haben einen mittleren bis hohen Nährstoffbedarf. Der platte, runde Samen wird von

Mitte März bis Ende April dünn verteilt in flache Rillen von 1,5 bis 2 cm Tiefe gesät. Vereinzeln Sie nach dem Aufgang (Keimzeit bis 6 Wochen) zu dicht stehende Sämlinge auf 6 cm Abstand. Bis Anfang September benötigen die Pflanzen 2 bis 3 Düngergaben, die als Volldünger oder entsprechend als organischer Dünger gegeben werden können.

Tipp: Ist Ihr Boden lehmig und nass, können Sie Dämme von 15 bis 20 cm aufhäufen. Ziehen Sie auf der Spitze eine Rille und säen Sie dort in lockeren Kompost aus. Die Pastinaken werden sich so viel besser entwickeln als üblich.

Rezeptvorschläge

Pastinaken als Gemüsebeilage
Die hellen Wurzeln schälen und würfeln, eventuell mit Möhren und Petersilienwurzeln mischen und in wenig Wasser dünsten. Etwas Butter verfeinert den Geschmack. Wer es kräftig mag, kann mit etwas Liebstock würzen.

Gebackene Pastinaken
Die geschälten und gewaschenen Pastinaken halbweich kochen, so dass sie noch Biss haben, und dann in Scheiben schneiden. Diese mit Ei und Paniermehl umhüllen und in Butter oder Öl goldgelb braten.

Rohkost
Als Salat werden die geschälten und gewaschenen Pastinakenwurzeln geraspelt, mit etwas Zitronensaft, Öl, Joghurt oder Rahm angerichtet und frisch serviert. Wer mag, kann fein geschnittene Apfelstücke hinzugeben.

Rapontika, Nachtkerze
Oenothera biennis

Rapontika nennt man die essbare Wurzel der Nachtkerze aus Nordamerika. Vermutlich ist sie als Zierpflanze nach Europa gelangt und mit ihren zahlreichen Samen aus einem Garten verwildert. Bahntrassen sollen ihr dann den Weg durchs ganze Land geebnet haben. Von Juni bis weit in den Herbst hinein öffnen sich am Spätnachmittag ihre zahlreichen Blüten, die sich gegen Mittag wieder schließen. Die Nachtkerze passt nicht nur in Naturgärten, sondern auch ins Gemüsebeet.

Als Wildgemüse bereicherten ihre Wurzeln Großmutters Speisezettel, vor allem in den Herbst- und Wintermonaten. Bis zu Beginn des Neuaustriebs sind die fleischigen Wurzeln eine leckere Delikatesse. Man kann sie schälen wie Schwarz-

Rapontikawurzeln werden wie Schwarzwurzeln geschält und als Kochgemüse angerichtet.

Gelbe Bete 'Burpees Golden' sind besonders wohlschmeckende Schwestern der Roten Bete.

wurzeln, dünsten und mit einer weißen Soße angerichtet zu Fleischgerichten servieren. Der Geschmack ist herzhaft und erlaubt es auch, die Wurzeln in Streifen zu schneiden und nach Selleriesalatrezepten zuzubereiten.

Kultur und Pflege: Jeder Gartenboden an sonniger Stelle sagt zu, sogar sandiger und steiniger. Der Boden sollte etwas mit Kompost angereichert werden. Gesät wird als Nachkultur z. B. nach den Frühgemüsen Kohlrabi, Salat, Rettich und Frühkohl dünn in Reihen von 20 bis 25 cm und nach dem Aufgang verzogen auf 15 bis 18 cm Abstand, Saattiefe 1 bis 2 cm.

Tipp: Mit Beginn des Wachstums im Frühjahr entwickelt sich bei dieser Zweijährigen der Blütentrieb. Die fleischige Wurzel wird dann hart und ungenießbar. Ernten Sie deshalb bis spätestens März.

Rote Bete, Rote Rübe, Randen *Beta vulgaris*

Die Roten Bete sind mit Mangold, Runkelrüben und Zuckerrüben aus einer gemeinsamen Wildform entstanden, die man heute noch an den Küsten Europas findet. Untersuchungen aus einer jungsteinzeitlichen Siedlung in Nordholland zeigen, dass die Urform *Beta vulgaris* schon um etwa 2000 v. Chr. bekannt war. Wahrscheinlich wurden damals nur die Blätter verwendet. Doch hat es sehr frühzeitig bereits runde, lange, goldgelbe und auch weiße Formen gegeben, die heute noch Aufsehen erregen. Rote Bete haben sich seit dem letzten Jahrhundert in der Innenqualität stark verändert. Züchtungen sollen heute beim Durchschneiden gleichmäßig rot gefärbt sein. Die ältere Form, wie sie in Großmutters Garten gestanden haben mag, ist in Italien und der Südschweiz noch und bei uns wieder verbreitet. Herrlich süß schmeckt die Sorte 'Chioggia', die beim Aufschneiden deutlich abgesetzte rote und weiße Ringe zeigt, was

Rezeptvorschlag

Rezept für »Baby Beets«
Die kurz erhitzten und danach durch Abziehen geschälten Rüben in Scheiben schneiden, mit 2 EL Kümmel, 1 TL Salz, etwas Pfeffer, 2 Nelken und gehackten Zwiebeln würzen und in einer Marinade aus 1/4 l Essig, 1/4 l Wasser und 2 EL Zucker kochen. Abkühlen lassen und nach 2 bis 3 Tagen servieren.

Mairüben (Navets) 'Mailänder' werden als zartes Frühjahrs- und Herbstgemüse geschätzt.

einen Rohkostsalat zu einem doppelten Genuss macht: für den Gaumen wie fürs Auge. 'Chioggia' kann man wie üblich auch kochen.
Ungewöhnlich sind **Weiße Bete** (z. B. die alte Sorte 'Vereduna Albina') und Gelbe Bete (z. B. die amerikanische 'Burpees Golden'). Das mit den Roten Rüben eng verwandte Wurzelgemüse ist in Amerika und England ein lange gehüteter und beliebter Küchenschatz aus früherer Zeit. Die saftigen gelben Kugeln schmecken angenehm fruchtig und süßer als Rote Bete. Außerdem macht ihre goldgelbe Farbe jede Zubereitung zur Augenweide.
Weil die Früchte geschält leicht ausbluten, kocht man sie im Ganzen auf. Danach lässt sich die Haut ganz schnell einfach abziehen und nach dem Abkühlen in Scheiben schneiden.
Kultur und Pflege: Rote Rüben bevorzugen feuchten, tiefgründig mit Humus versorgten Boden, der jedoch auch sandig sein darf. Sie gedeihen in der Sonne und im Halbschatten. Während der gesamten Kultur muss reichlich gegossen werden. Zu trockener Standort zieht Schädlingsbefall nach sich. Weil die saft- und eisenreichen Roten Rüben schossempfindlich sind, werden sie nicht vor Mitte April und noch bis Mitte Juli gesät. Als besonders ertragreich und platzsparend erwiesen haben sich lange walzenförmige Sorten, die beim Schneiden viele gleichmäßige Scheiben ergeben.
'Rote Kugel' ist eine ältere ertragreiche Sorte, deren Samen, wie früher üblich, in Büscheln keimt und deshalb nach dem Aufgang auf 6 bis 10 cm Abstand vereinzelt werden muss. Reihenabstand 25 bis 30 cm. Die Ernte erfolgt ab Mitte des Sommers bis zum Spätherbst, noch vor dem Frost. Die Knollen lassen sich wie Kartoffeln lange kühl und trocken lagern.

Tipp: Erntet man zeitig bei einer Fruchtgröße von nicht mehr als 4 bis 5 cm, so erhält man besonders zarte und im Geschmack sehr angenehme junge »Baby Beets«.

Mairübe, Speiserübe, Räbe
Brassica napus subsp. *rapa*

Zu den Speiserüben zählen drei unterschiedliche Formen:

- die als Delikatessgemüse geltende **Mairübe** (französisch »Navets«) mit rein weißen, weiß-violetten oder goldgelben verdickten Wurzeln.

Weiße Mairüben (Sorte 'Market Express') sind in der Qualität vergleichbar mit Kohlrabi.

- die meist kegelförmige **Herbstrübe** (schweizerisch Räbe), Wasser- oder Stoppelrübe, die es in Weiß, Gelb oder mit violettem Kopf gibt. Wegen ihres strengen Geschmacks hat sie nie zu den besonders geschätzten Gemüse gezählt. Man kann sie jedoch fein geraspelt milchsauer einlegen und erhält wie Sauerkraut einen haltbaren Wintervorrat.

Mairüben schmecken in den lichtarmen Herbst- und Frühjahrsmonaten besonders angenehm und leicht würzig. Säen Sie hierfür von Mitte August bis Mitte April, den Winter über im Gewächshaus. Spätere Aussaaten können in allzu heiße und trockene Phasen geraten, was zu strengem Aroma führt.

- das kleine halblange **Teltower Rübchen,** auf das anschließend separat eingegangen wird (siehe Seite 71).

Die Mairübe stammt aus Kleinasien und gehört zu den ältesten Gemüsen der Menschheit. Das ca. 30 cm hohe Laub ist schmackhaft und wird samt den zarten Stängeln in der rheinischen Küche als Stielmus (siehe Seite 82) genutzt. Die runden oder flachrunden Rüben erntet man schon in jungem Zustand bei 4 bis 7 cm Durchmesser und nutzt sie als gedünstete Beilage zu Fleischgerichten.

Während Mairüben in Deutschland nie große Bedeutung erlangten, sind sie sehr wichtig in der Schweiz, in Italien, Frankreich und England, Finnland und den baltischen Staaten. In Japan ist die Mairübe die lokale Alternative zu Kohlrabi und wird in sehr guter Qualität rund ums Jahr im Freien wie im Gewächshaus gezogen. Die wunderbar zarten und angenehm süsslich schmeckenden Sorten wie 'Tokyo Cross' und 'Market Express' sind Delikatessen und lohnen auch bei uns die Kultur. Man kann die jungen Rübchen als Rohkost geraspelt, in Streifen geschnitten oder in Stiften für Salate genießen oder gedünstet zu Fleischgerichten.

Kultur und Pflege: Mairüben gedeihen leicht und einfach an sonniger oder halbschattiger Stelle auf jedem Gartenboden. Man sät dünn verteilt in 2 cm flache Rillen aus und vereinzelt – falls noch nötig – auf 5 bis 6 cm Abstand (im Gewächshaus auf 12 bis 15 cm). Ein guter Reihenabstand ist 25 bis 30 cm. Obwohl man im Prinzip ganzjährig aussäen kann, sind nur die frühe Kultur mit Aussaat März bis Anfang Mai (Ernte Mai/Juni) und die späte mit Aussaat im August (Ernte Oktober/November) empfehlenswert. Im Sommer schießen die Pflanzen schnell in Blüte, und der Geschmack wird unangenehm scharf.

Tipp: Besonders gut gedeihen Mairüben im Hochbeet, im Frühbeet und in nicht geheizten Gewächshäusern. Wichtig: im Freien die Beete bis zur Ernte mit einem Insektenschutznetz abdecken.

Steckrübe, Kohlrübe, Bodenkohlrabi, Wruke
Brassica napus subsp. *napifera*

Kohlrüben, Steckrüben oder Bodenkohlrabi sind ein schon lange bekanntes Herbst- und Wintergemüse, das in letzter

Zeit wieder zunehmend Liebhaber findet. Nicht nur eine deftige Kohlrübensuppe ist als Leckerei im Winter gefragt, auch das feinwürzige gelbe Fleisch gilt als Delikatesse, besonders wenn man es ähnlich Karotten in feine Streifen schneidet und als Salat oder gekocht als Pürree serviert. Es gibt rotköpfige Sorten wie die kohlhernieresistente 'Marian' und grünköpfige wie 'Oestgoeta', die alle sehr haltbar sind und als Wintergemüse ähnlich wie Kartoffeln gelagert werden können. Die Ernte der runden Knollen erfolgt kurz vor dem Frost.

Kultur und Pflege: Gesät wird im Mai oder Juni in ein Saatbeet und gepflanzt bis ca. 15. Juli im Abstand von 30 x 50 cm. Die robusten Pflanzen wachsen leicht an und sind eine ideale Nachfrucht für leer geräumte Beete.

Rotköpfige Steckrüben.

Teltower Rübchen gedeihen am besten auf sandigen, mageren Böden.

Teltower Rübchen
Brassica rapa* subsp. *rapa

Der Überlieferung nach waren die kleinen Rübchen aus dem südlichen Umland von Berlin Goethes Leibspeise, und er ließ sie sich extra kommen.

Die zu den Speiserüben zählende Spezialität entwickelt auf den sandigen, mageren Böden ein besonders schmackhaftes Aroma. Eine Initiative von Bauern und Liebhabern hat die Originalzucht wiederbelebt und ist mit vielen Aktionen um die zarten 'Navets Petits de Berlin' (wie sie seit den Zeiten Napoleons in Frankreich heißen) bemüht. In Fleischbrühe gegart, mit etwas Zucker karamelisiert und in einer Pfanne geschwenkt, werden die 5 bis 7 cm langen weißen kegelförmigen Rübchen heiß zu Fleisch und Kartoffeln serviert. Sie sind als echte Delikatesse der märkischen Regionalküche berühmt.

Kultur und Pflege: Teltower Rübchen gedeihen zwar auch im Frühjahr, aber noch besser im Herbst. Man sät sie dünn v erteilt in Reihen von 12 bis 15 cm Abstand von August bis Anfang September auf abgeerntete Beete. Die Pflanzen sind anspruchslos und können schon im Oktober geerntet werden. Man kann sie in feuchtem Sand wochenlang als Vorrat lagern.

Sauerkleerübe, Glücksklee
Oxalis tetraphylla, O. deppei

Der Glücksklee aus Mexiko ist zum Neuen Jahr eine bestens

Sauerklee mit weißen Rübchen.

Süßholzpflanze mit Samenständen.

bekannte Erscheinung. Wer aber weiß schon, dass aus den gleichen Knollen im Freiland ein Herbstgemüse wächst? Zwischendurch, den Sommer über, bietet sich im Garten ein erfreulicher Anblick. Besonders hübsch macht sich Glücksklee als Beetumrandung und an Beetkanten oder als bodendeckender Teppich unter Sträuchern.
Kultur und Pflege: Aus den Knollen, die im April oder Mai an sonniger bis halbschattiger Stelle ins Freie gesteckt werden, wachsen zunächst Büschel von dekorativen gezonten, viergeteilten Blättern heran. Ab Juni/Juli folgen dann die karminroten Blüten. Ganz spät im Herbst, wenn schon der Frost naht, werden die Pflanzen ausgegraben. Neben vielen Brutknollen zur Weitervermehrung findet man auch verdickte, rübenartige weiße Wurzeln, die wie Teltower Rübchen gedünstet, für Salate verwendet oder geschmort werden können.

Süßholz, Lakritzpflanze *Glycyrrhiza glabra*

Wer kennt schon noch das Süßholz? Dabei wird es seit ewigen Zeiten wegen seines süß-aromatischen Geschmacks von Jung und Alt geliebt und ist buchstäblich in aller Munde. »Süßholz raspeln« kündet von einer angenehmen Tätigkeit. Großer Bekanntheit (und Begeisterung!) erfreut sich allerdings das Endprodukt aus dieser Pflanze: Lakritze. Es gibt eine Unmenge Spezialitäten aus dieser klebrigen, schwarzen Masse, vor allem in Skandinavien. Auch heute noch kann man mit etwas Glück Süßholz in der Apotheke kaufen – als aromatische Wurzeln zum Kauen oder geraspelt zum Würzen von Tees.
Süßholz besteht aus den Wurzeln von *Glycyrrhiza glabra,* einer uralten Kulturpflanze aus der Leguminosen-Familie, die schon von dem Griechen Theophrast (372–287 v. Chr.) erwähnt wurde. Die Stadt Bamberg führt die Pflanze sogar im Stadtwappen, denn es gab im sandigen Boden am Main lange Zeit ausgedehnte Kulturen davon. Die langen Wurzeln wurden zur Ernte ausgegraben, was für gute Erträge einige Geschicklichkeit erforderte.
Große Kräutergärtnereien kultivieren die Lakritzpflanze heute noch, auch wenn sie in Deutschland keine Bedeutung mehr hat. Bekannt sind die heilende Wirkung bei Husten und Magenbeschwerden sowie die durst-

stillende Wirkung, die sich beim Kauen der Wurzelteile entfaltet. Die Süßholzpflanze wird ca. 150 cm hoch und sieht gefällig aus. Ihre unscheinbaren weißen Blüten erscheinen im Mai/Juni, gefolgt von braunen Samenständen.

Kultur und Pflege: Der Boden soll sandig und tiefgründig sein, Düngung mit Kompost genügt. Die Vermehrung geschieht durch so genannte Fechser (Seitenteile der Wurzeln), die leicht anwachsen. Gepflanzt wird im März/April im Abstand von 150 bis 200 cm.

Tipp: Der Boden muss schon deshalb leicht und sandig sein, damit man die mitunter meterlangen Wurzeln vom 4. Jahr an im April/Mai leicht ausgraben kann. Große Kulturen mit maschineller Ernte finden sich heute in Ungarn und Russland.

Süßholzwurzeln.

Zuckerwurzel, Süßwurzel
Sium sisarum

Die staudig wachsende Zuckerwurzel (englisch »Skirret«) ist im Kaukasus und im Iran beheimatet, wurde jedoch schon früh in Frankreich eingeführt und war auch in Deutschland verbreitet. »Sehr lieblich und angenehm zu essen«, vermerkte im 16. Jahrhundert der Arzt und Pflanzenforscher Dodonaeus. Mancher Kenner aus früheren Zeiten hielt die Zuckerwurzel für »das Wurzelgemüse mit dem angenehmsten Geschmack«. Denn als Zucker noch teuer und selten war, suchte man nach solchen Genüssen.

Die Pflanzen werden 90 bis 120 cm hoch, blühen weiß (ähnlich wie Möhren) und entwickeln mehrere weiße verdickte Wurzeln, die entfernt Dahlienknollen ähneln. Ihr Fleisch schmeckt sehr süß und ist mehlig. Man kann die geschälten Wurzeln als Rohkost oder gekocht verzehren. Dazu passen dieselben Rezepte wie für Pastinaken, Möhren, Schwarzwurzeln oder Teltower Rübchen.

Kultur und Pflege: Für den Anbau eignet sich am besten ein sandig-humoser, feuchter und nährstoffreicher Boden in sonniger, geschützter Lage. Man kann

Zuckerwurzel (Pflanze).

entweder im Herbst oder Ende März/April aussäen oder vorhandene Pflanzen teilen und kleine Seitenwurzeln auspflanzen. Durch Vorquellen über Nacht verkürzt sich die Keimzeit, die 4 bis 5 Wochen dauern kann. Nach dem Aufgang wird vereinzelt, so dass zum Schluss ein Abstand von ca. 15 x 40 cm entsteht. Weil die Zuckerwurzel winterhart ist, kann sich die Ernte über viele Herbst- und Wintermonate verteilen.

Tipp: Man kann die Wurzeln auch über Monate in Kisten mit feuchtem Sand einschlagen.

Blattgemüse

Cardy, Kardone, Spanische Artischocke *Cynara cardunculus*

Cardy ist zweijährig, stammt aus dem östlichen Mittelmeerraum und ist nahe verwandt mit den staudig wachsenden Artischocken. Während sich die tief geteilten, auf der Unterseite silbrig behaarten Blätter und die schönen großen blauen Blüten dieser beiden Edeldisteln einander ähnlich sehen, ist die Nutzung jedoch ganz anders.
Bei Cardy kommt es auf die dicken fleischigen und sehr angenehm würzig schmeckenden Blattstiele an, die man ähnlich wie beim Rhabarber schält und in 5 bis 10 cm lange Stücke schneidet. Sie werden in Salz- oder Essigwasser gegart und mit Käse überbacken zu Fleischgerichten serviert. Vermutlich ist Cardy eines der am besten schmeckenden Gemüse. Leider verschwindet die in der Westschweiz und in Frankreich einst populäre Gemüsekultur immer mehr. Dafür sieht man die bis zu 2 Meter hohen Pflanzen mit vielen azurblauen Distelblüten immer häufiger als Zierde in mediterran anmutenden Gärten.

Cardy hat dicke fleischige Blattstiele. Im zweiten Jahr erscheinen große blaue Blüten.

Kultur und Pflege: Cardy wird generell einjährig kultiviert mit Anzucht der Pflanzen in Töpfen im Warmen (18–22 °C) von März bis April. Die schnell wachsenden Jungpflanzen kommen nach den Eisheiligen Mitte Mai an einen warmen, sonnigen Platz und in nährstoffreichen humosen Boden (Abstand 80 x 100 cm). Bei reichlich Feuchte und 3 bis 4 Düngergaben (je 40 g Volldünger/m^2) bis August wachsen sie bis zur Erntezeit im Oktober/November schnell zu imposanten Pflanzen von 150 bis 180 cm Höhe heran. Wer die bestachelten Blattstiele zu kräftig im

Geschmack findet, kann im September die Blätter zusammenbinden und mit Wellpappe oder schwarzer Plastikfolie umhüllen, so dass nur noch die Blattspitzen herausschauen. Nach 3 bis 4 Wochen sind die Blattstiele gebleicht und im Geschmack wesentlich milder geworden.

Tipp: Mit einer 20 cm dicken Laubschicht um den Wurzelbereich kann man die Pflanzen überwintern und sich dann an den attraktiven Distelblüten erfreuen.

Eiskraut
Mesembryanthemum crystallinum

Diese Spezialität stammt ursprünglich aus Südafrika, wo das genügsame Gewächs an felsigen Küsten und auf kargem Boden gedeiht. Diese nahe Verwandte der bunten Mittagsblume bringt große, fleischige grüne Blätter hervor, die etwas salzig schmecken und dank dieses Eigengeschmacks nicht gewürzt werden müssen. Schnell kann man daraus einen leckeren Salat bereiten, eine aromatische Suppe oder ein Kochgemüse, das wie Blattspinat zu Fleisch und Fisch passt.

Kultur und Pflege: Die Pflanzen sind schnellwüchsig und sehr pflegeleicht. Man sät sie einfach dünn verteilt in flache Rillen von 25 cm Abstand an sonniger Stelle aus. Schon nach 6 bis 7 Wochen kann man ernten. Belässt man Herz und Wurzeln, wächst bald neues Grün nach.

Eiskraut mit fleischigen Blättern.

Erdbeerspinat
Chenopodium capitatum

Der Name des Erdbeerspinats weist auf die roten, saftigen Früchte hin, die leicht süßlich, aber etwas fade schmecken. Sie sehen den leckeren Monatserdbeeren oder Walderdbeeren täuschend ähnlich. Leuchtend rot prangen sie aufgereiht an einem bis zu 30 cm langen Blütenstand.

Der Erdbeerspinat ist eine Wildpflanze aus dem südlichen Europa und Kleinasien, wo er an Wegrändern und auf Schuttplätzen vorkommt. Dieses alte Gemüse wurde vom heute üblichen Spinat verdrängt, dessen Blätter nicht einzeln gepflückt werden müssen und wesentlich größer sind. Nach dem Ersten Weltkrieg verschwand der Erdbeerspinat praktisch von der Speisekarte. Abbildungen aus der Kaiserzeit zeigen ihn jedoch

Erdbeerspinat mit Fruchtständen.

Guter Heinrich mit Blüten.

noch als prächtige Dekoration auf üppigen Tafeln, den Braten mit leuchtend roten Früchten dekorativ umrahmend.

Kultur und Pflege: Man sät die feinen Samen an sonniger Stelle dünn verteilt in Rillen wie Spinat, ab Mitte März bis Anfang August in Reihen von ca. 25 cm Abstand. Nach etwa 6 bis 7 Wochen kann man die Pflanzen abschneiden und gekocht oder als Salat nach Spinatrezepten zubereiten.

Tipp: Es lohnt sich, einige Pflanzen stehen zu lassen oder sie von vornherein in Töpfen oder Balkonkästen auszusäen. Als Zierpflanzen schmücken sie mit leuchtend roten Früchten viele Wochen lang. Man kann die jungen Blätter auch kochen und als Gemüse oder für Suppen verwenden.

Guter Heinrich, Gemeiner Gänsefuß *Chenopodium bonus-henricus*

Das in Europa heimische mehrjährige Blattgemüse wächst oft wild auf Schuttplätzen oder an Straßenrändern. In England wird »Good King Henry« wegen der zarten spargelähnlichen Triebe im Frühling und als pflegeleichte Alternative zum Spinat häufiger kultiviert. 50–70 cm hoch, ist der Trieb dicht mit großen, meldeähnlichen Blättern besetzt, die man bis zum Beginn der sommerlichen Blüte abpflücken kann. Durch Anhäufeln im März bilden sich zarte, lange Triebe, die wie Spargel zubereitet werden und besonders lecker schmecken.

Kultur und Pflege: Man sät von Ende März bis Mai oder im September direkt ins Freiland und vereinzelt oder verpflanzt später auf 50 x 50 cm Abstand.

Bremer Scherkohl, Schnittkohl *Brassica napus* subsp. *napus*

Dieses spinatähnliche Blattgemüse war zu Großmutters Zeiten geschätzt. Schon nach wenigen Wochen kann man die breiten blaugrauen wohlschmeckenden Blätter ernten und wie Blattspinat verwenden. Botanisch gesehen handelt es sich um Winterraps, den auch stärkere Fröste nicht schädigen.

Kultur und Pflege: Wer früh ernten will, kann im Freien oder im ungeheizten Gewächshaus von September bis März dünn verteilt in Reihen von 20 bis 25 cm Abstand säen. Wer öfter in England ist, findet den »Mustard rape« noch anders kultiviert: in größeren Töpfen angeboten, werden die Vitamin-C-reichen jungen Blätter ähnlich Kresse zum Würzen von Fleisch und Salaten abgeschnitten.

Butterkohl *Brassica oleracea* var. *sabauda* convar. *fimbriata*

Diese Rarität im Kohlsortiment fand früher als Schnittkohl weite Verbreitung – vor allem in Mitteldeutschland und in Italien. Mit gewellten, zarten Blättern

Bremer Scherkohl.

Butterkohl – bietet Ernte Blatt für Blatt.

Spitzkohl 'Filderkraut'.

ähnelt er dem Wirsing, bildet jedoch keinen fest geschlossenen, sondern eher einen offenen Kopf. Man kann die Köpfe ganz abschneiden und nach Wirsingrezepten verwenden. Viel origineller ist aber die Ernte nach alter Art, immer Blatt für Blatt. Ähnlich wie beim Pflücksalat bildet sich dann aus dem Herzen immer wieder Nachschub heran. Einmal pflanzen, ernten von Mai bis November, das macht den Butterkohl interessant für kleine Haushalte und kleine Gärten, vor allem auch für die Mischkultur im Hochbeet und auf dem Hügelbeet. Am besten schmeckt er zur Zeit der Frühreife, Anfang bis Mitte Juli. Man verwendet ihn nach Rezepten wie für Blumenkohl, frühen Spitz- oder Wirsingkohl. Er wird in Viertel oder Streifen geschnitten und im Salzwasser gedünstet.

Kultur und Pflege: Butterkohl gedeiht an sonniger Stelle auf allen Gartenböden. Bei Aussaat im Februar oder März und Pflanzung im April auf ca. 40 x 40 cm Abstand fallen die ersten Ernten schon Ende Mai oder im Juni an.

Filderkraut, Pommersches Spitzkraut *Brassica oleracea* var. *capitata*

Der spät reifende Spitzkohl 'Filderkraut' mit den 3 bis 10 kg schweren zuckerhutartigen Köpfen ist eine Spezialität von der Filderebene, der Landschaft rund um den Stuttgarter Flughafen Echterdingen. Leider steht diese hervorragende alte Krautsorte auf der Aussterbeliste. So gut sie auch mit ihren feinen, mild und aromatisch schmeckenden dicht geschichteten Blättern für den Konsumenten ist,

ihre Tütenköpfe sind leider nicht rund und somit nicht für die Bänder der Konservenfabriken geeignet. Der Anbau geht stark zurück.
Das Filderkraut ist im Herbst und Winter sehr lange lagerfähig. Durch ihre besonderen Qualitäten wie extrem dünne Blätter, feinen Geschmack und hohen Zuckergehalt eignet sich diese Sorte nicht nur sehr gut für Kohlrouladen, sie verlieh auch dem schwäbischen Sauerkraut seinen hervorragenden Ruf. Für die Selbstzubereitung ist sie hervorragend geeignet.
Kultur und Pflege: Filderkraut gedeiht in voller Sonne auf jedem nährstoffreichen, nicht zu trockenen Gartenboden. Man sät zwischen April und Mai in ein Saatbeet (Frühbeet) und verpflanzt die Jungpflanzen, sobald sie handhoch sind, auf einen Abstand von 50 x 50 cm. Der Humus- und Nährstoffbedarf ist hoch. Gedüngt wird deshalb in 2 bis 3 Gaben, jeweils 60 g Volldünger/m², 10 Tage vor dem Pflanzen in den Boden einarbeiten, wenn sich die Reihen schließen, und nochmals Anfang August.

Rezeptvorschlag

Rezept für Sauerkraut
Für feinstes Sauerkraut benötigt man einen Steintopf mit Deckel, in den sauberes, fein geschnittenes Kraut unter Zugabe von Salz (zur Verfeinerung dienen auch Buttermilch, Joghurt oder Wein) geschichtet wird. Man rechnet 100 g Salz pro 10 kg Kohl. Die Schicht wird gestampft, bis der Saft darüber tritt, denn Luftabschluss ist wichtig. Anschließend das Gefäß mit einem Leinentuch abdecken und den Deckel mit einem Stein beschweren. Bei 18–20 °C erfolgt die Gärung, die nach 10 bis 12 Tagen abgeschlossen ist. Danach kühler stellen und nachreifen lassen. Nach 6 Wochen ist das Sauerkraut fertig.

Mangold, Römischkohl, Krautstiel
Beta vulgaris var. *flavescens*

Der Römischkohl, wie man das uralte Kulturgemüse auch nennt, ist eine echte Alternative zum Spinat. Seit Jahrtausenden ist er als unkompliziertes, ertragreiches Gemüse bekannt. Er hat sich aus der in Europa heimischen Wildform von *Beta vulgaris* entwickelt, zu der auch Runkel- und Zuckerrüben sowie die roten, weißen und gelben Bete gehören.
Mangold erfreute sich in den vergangenen Jahrhunderten einer weiten Verbreitung, vor allem in Süddeutschland und im Rheinland. In England schätzt man ihn heute noch viel mehr als den Spinat, vor allem, weil man von den Pflanzen arbeitssparend immer wieder neue Blätter schneiden kann (»perpetual spinach«). In unseren Breiten befand sich das alte Gemüse lange Zeit auf dem Rückzug, aber der Trend hat sich gewendet. Mit neuen Zubereitungen als Salat, mit Käse überbacken, als Spinat, für Suppen, Pizzebelag oder leckere Füllungen für Quiches steigt das Interesse an diesem leckeren und Vitamin-C-reichen Gemüse wieder an.
Nach wie vor sehr populär ist er in der Schweiz, wo vor allem der Stielmangold mit seinen sehr breiten, fleischigen »Krautstielen« rund ums Jahr auf den Märkten zu finden ist. Sogar der Winteranbau in Gewächshäusern wird praktiziert, weil Mangold leichte Fröste verträgt.
Sorten: Die Sorte 'Grüner Schnitt' bringt laufend viele Blätter, während 'Genfer Spezial' und 'Paros' als spezielle Stielmangoldsorten gelten. 'Lukullus' und 'Glatter Silber' sind Zwischentypen für beide Nutzungen, Blatt und Stiel, aber

Diverse Mangoldsorten: 'Lukullus', 'Vulkan', Stielmangold 'Genfer Spezial', 'Bright Lights'.

weit weniger delikat und ertragreich. Pflanzungen als essbares Ziergemüse im Blumenbeet, als Beeteinfassung, in größeren Gefäßen und Balkonkästen oder als Partner zu Rosen sind sehr populär geworden. 'Rhubarb Chard' und 'Vulkan' haben feuerrote Stiele, 'Bright Lights' erfreut mit allen Regenbogenfarben.

Kultur und Pflege: Die Pflanzen gedeihen auf nahezu allen Gartenböden, in voller Sonne und im Halbschatten. Mangold liebt eine kräftige organische Düngung mit Kompost oder angerottetem Stallmist. Bei mineralischer Düngung gibt man zwischen Juni und August 2 x 40 g/m² an Volldünger. Im Freiland erfolgt die Aussaat von Ende April bis Juni, im Gewächshaus kann man nahezu ganzjährig säen. Die Saattiefe beträgt ca. 2 cm, Reihenabstand 30 bis 40 cm. Nach dem Aufgang wird auf 15 bis 25 cm Abstand verzogen. Schon ab Hochsommer kann man laufend ernten – jeweils die größten äußeren Blätter abdrehen oder abschneiden. Das Herz bleibt stehen und liefert immer mehr Blätter – bis ins späte Frühjahr des nächsten Jahres. Jede Mangoldsorte kann mit etwas Winterschutz bis ins Frühjahr geerntet werden.

Tipp: Mangold ist auch ein gutes Gemüse fürs Gewächshaus. Hierfür wird am besten im August ausgesät, in Töpfe, damit man die Pflanzen später an die Stelle von abgeernteten Tomaten oder Gurken pflanzen kann. Den Winter über bleiben die Mangoldpflanzen im Gewächshaus, müssen nicht, können aber schwach beheizt werden. Pflanzweite: 25 bis 30 cm.

Farbiger Ziermangold eignet sich hervorragend zum preiswerten Bepflanzen von Rabatten, Gefäßen oder Balkonkästen, besonders wenn es um die Gestaltung dunkler Farbgärten geht. Säen Sie von Mai bis Juli aus und verpflanzen Sie vier Wochen später im Abstand von 20-30 cm. Mangold verträgt leichten Frost. Je kühler die Temperatur, desto intensiver die Farbe.

Meerkohl mit Trieben und Blüten.

Rote Gartenmelde sieht dekorativ aus.

Meerkohl
Crambe maritima

In Deutschland ist dieses attraktive und interessante Kohlgewächs leider fast vergessen. Es wächst an den Küsten der Nordsee wild und hat von dort den Weg in die Gärten gefunden. Besonders in England war und ist Meerkohl auch heute noch sehr populär. Sogar schöne Treibglocken aus Ton wurden speziell für dieses Gemüse entwickelt, um darunter im Frühling wohlschmeckende fleischige, spargelähnliche und gebleichte Triebe zu ernten. Man kann sie wie Spargel oder Brokkoli zubereiten. Ab Mai erscheinen viele attraktive reinweiße Blüten, die zusammen mit den blaugrünen Blättern dem Meerkohl einen hohen Zierwert verleihen.

Kultur und Pflege: Meerkohl gedeiht an sonniger oder halb schattiger Stelle auf jedem humosen und nicht zu trockenen Gartenboden, besonders gut in Lehm. Die Vermehrung geschieht über Wurzelschnittlinge, die schnell und sicher bewurzeln. Die meisten Staudengärtner halten Pflanzen bereit. Saatgut (Kaltkeimer) ist dagegen sehr schwach im Keimergebnis und deshalb nicht zu empfehlen. Ein guter Pflanzabstand ist 40 x 40 cm.

Tipp: Zum Ernten der gebleichten Triebe kann man die Pflanzen anhäufeln oder ähnlich wie Rhabarber unter einem Eimer oder Tongefäß antreiben.

Gartenmelde, Maiflitsch
Atriplex hortensis

Die Grüne Gartenmelde und Rote Gartenmelde *(Atriplex hortensis* 'Rubra') sind Bauerngartenpflanzen mit langer Tradition. Leicht sät sich die rote von selbst aus, taucht zwischen Gemüse oder Sommerblumen auf und wirkt mit ihrem mattroten Laub und dem tannenähnlichen Wuchs so zierend und dekorativ, dass ihr Wert als spinatähnliches Gemüse leicht in Vergessenheit gerät.

Diese uralte Kulturpflanze aus Kleinasien hat sich über ganz Süd- und Mitteleuropa ausgebreitet. Die Gartenmelde ist anspruchslos und schnellwüchsig. Schon nach 5 bis 6 Wochen kann man ernten. Deshalb war sie auch bis vor rund 200 Jahren in allen Gärten geschätzt, wurde geerntet und gekocht wie der Spinat, den wir heute wegen seines etwas milderen Geschmacks und der

längeren Nutzungsdauer vorziehen.
Doch es gibt auch heute noch viele Gemüsefans, die auf die grünen und gelbgrünen Sorten der Gartenmelde schwören. Vor allem im Rheinland ist sie als zartes Frühlingsgemüse beliebt. Die Gartenmelde wächst einjährig und wird noch zart bei 30 cm Höhe geerntet, bevor sie bei Hitze in Blüte geht. Beide Formen der Gartenmelde sind essbar, wobei nur die Blattspreiten, nicht jedoch die harten, jungen Stängel genießbar sind. Ihr Geschmack ist angenehm, etwas kräftiger als Spinat. Die Blätter werden beim Kochen schnell weich und anschließend nach Spinatrezepten zubereitet. Mitunter gibt man als Würze einige Sauerampferblätter hinzu oder dickt das Gemüse mit Sahne oder Mehl an.
Kultur und Pflege: Gartenmelde gedeiht auf jedem Gartenboden, sowohl in der Sonne als auch im Halbschatten. Die schnellwüchsige Kultur passt in alle Lücken, die während des Frühjahrs und Spätsommers im Gemüsebeet entstehen. Laufende Neusaaten sind möglich. Man sät zeitig im Frühjahr (Februar bis April) und von da an in Sätzen von August bis September dünn in Reihen von 30 bis 40 cm Abstand.

Beim Spargelsalat werden nicht nur die Blätter, sondern auch die zarten, verdickten Stiele in der Küche verwendet.

Spargelsalat
Lactuca sativa* var. *longifolia
Lattich, Bindesalat, Sommerendivie
Lactuca sativa* var. *angustana

Beide Salate zeigen Ähnlichkeiten, obwohl sie aus weit entfernten Gebieten stammen. Der **Spargelsalat** hat in China größere Verbreitung erlangt. Die Sorte 'Celtuce' z. B. verfügt zunächst über eine dichte Rosette knackiger Salatblätter, aus der sich beim Schossen ein dicht beblätterter, fleischiger Stiel erhebt. Er ist zart und saftig. Man kann ihn dünsten und wie Spargel zubereiten.

Beim nahe verwandten **Binde-** oder **Römersalat** bildet sich ein dichter Schopf aus knackigen lanzenförmigen Blättern. Frühere Sorten musste man mit einer Schnur umbinden, damit sie nicht auseinander fielen. Das ist bei den heutigen Sorten nicht mehr üblich. Bindesalat oder Lattich wird nicht nur roh als Salat genossen, sondern ist auch gedünstet zu Fleisch oder Fisch und mit Käse überbacken sehr lecker und vor allem in der Schweiz bekannt. Ganz ähnlich ist eine deutsche Lattich-Spezialität aus Großmutters Küche: **»Kasseler**

Strünkchen«. Man kann wie beim Bindesalat die Blätter nutzen, wichtig aber sind die dicken, zarten und fleischigen Stiele. Die Köpfe formen keinen geschlossenen Kopf, sondern einen Schopf von lanzenförmigen Blättern. Die Stämme werden 6 bis 8 cm dick. Sie werden ebenfalls gedünstet und schmecken leicht herb, aber sehr angenehm. Eine weiße oder holländische Soße paßt zu dieser »Spargelspezialität«, die man mitten im Hochsommer oder im Herbst noch genießen kann.

Zu den Römersalaten gehört auch der **Forellensalat** 'Forellenschluss', eine alte Spezialität aus Österreich, die es aber schon 1546 auch in Deutschland gab. »Ist zu summers zeit ein angemessen essen, vertreibt unlust und macht begird zu essen«, hieß es damals. Man verzehrte ihn roh und in der Suppe.

Kultur und Pflege: Alle diese Salate kann man von März bis Juni aussäen und vereinzeln oder verpflanzen auf 25 cm Abstand. Die Ernte dauert von Ende Mai bis in den späten Herbst.

Stielmus 'Namenia' bildet viele knackige Blattstiele aus – eine echte Delikatesse.

Stielmus, Rübstiel
Brassica rapa subsp. *rapa*

Stielmus ist eine Spezialität, die im Rheinland und in Westfalen weite Verbreitung fand. Sie entsteht aus einer Kulturmethode und ist kein selbständiges Gemüse. Geschätzt werden die knackig-zarten Stiele und angenehm pikant schmeckenden zarten Blättchen als erstes frisches Frühlingsgemüse. Sie sind reich an Senfölen und Vitamin C. Sobald die Pflanzen ca. 20 cm hoch sind, schneidet man die Stiele dicht über dem Boden ab und wäscht sie gründlich. Nach dem Abtropfen werden sie klein gehackt, in etwas Fett gedünstet und mit Salz und Pfeffer abgeschmeckt. Wer möchte, kann das Gemüse auch als Eintopf genießen oder mit einer weißen holländischen Sauce übergossen servieren. Etwas geriebene Muskatnuss oder Sauerrahm verändern den Geschmack dieses alten Feingemüses, das sowohl zu gebratenem Fleisch als auch zu einer deftigen Bauernwurst passt (gekocht oder gebraten). Stielmus ist auch lecker als Salat und als Asia-Gemüse im Wok mit etwas Öl gegart. Übrigens, auch die japanischen Rezepte passen, denn der Asia-Salat 'Mizuna' ist dem Stielmus

'Namenia' in Kultur und Aussehen sehr ähnlich.
Kultur und Pflege: Stielmus wird im Frühling als eines der ersten Gemüse aus dem Freiland oder aus dem Frühbeet und Gewächshaus geerntet. Aber auch Herbstkultur ist üblich. In beiden Fällen kann man schon nach 5 bis 6 Wochen ernten. Stielmus ist anspruchslos und gedeiht auf jedem humosen Gartenboden an sonniger oder halbschattiger Stelle oder im Gewächshaus. Die Aussaat ist zwischen Ende Februar und Anfang Oktober möglich. Die Reihensaat von 10 bis 15 cm Abstand ist der breitwürfigen Saat vorzuziehen, denn das Sauberhalten ist auf diese Weise einfacher. Außer etwas Reifekompost oder einer geringen Menge an Mineraldünger (ca. 20 g/m²) wird keine weitere Düngung benötigt.
Ursprünglich säte man die Samen der weißen Mairübe ('Holländische Weiße') so dicht, dass sich keine Rübchen ausbilden konnten, die Stiele aber umso zahlreicher wuchsen. Ein Vorteil der heute meist verwendeten Sorten 'Namenia' und der besonders wüchsigen 'Hymenia F_1-Hybride' ist, dass deren Blätter so mild schmecken, dass man sie mitverwerten kann. Ihr Wuchs fällt bei genügend Platz schopfartig aus, ohne Rüben, dafür aber sehr üppig mit einem Pflanzendurchmesser von ca. 40 cm (bei Einzelstand). Der Ertrag liegt durch die vielen Blattstiele weit höher, außerdem kann man von den Pflanzen mehrfach ernten, durchs ganze Jahr.

Rezeptvorschlag

Stielmus zu Fleisch
Stielmus in 3 cm lange Stücke schneiden, blanchieren, abgießen und das Kochwasser auffangen. Durchwachsenen Speck ausbraten, klein geschnittene Lauchzwiebeln zufügen, Stielmus untermischen. Mit Salz, Pfeffer und etwas Muskatnuss würzen. Etwas vom Kochwasser zugießen und 10 Min. schmoren lassen. Etwas Sahne zugeben und eindicken lassen. Passt als Beilage zu Kurzgebratenem und Salzkartoffeln.

Winterportulak, Tellerkraut, Postelein
Montia perfoliata

Die Heimat dieses schnell wachsenden und unempfindlichen Gemüses liegt im nördlichen Amerika. Winterportulak verträgt Frost und nutzt auch die letzten Wärmegrade, um im Winter weiterzuwachsen. Man kann ihn daher vom Herbst über den Winter bis ins Frühjahr abernten. Ab Mai sollten dann alle Pflanzen entfernt sein. Er gedeiht zwar im Sommer, aber besser im Frühjahr und noch üppiger im Herbst und Winter. Seine fleischigen, runden Blättchen auf langen Stielen bringen in ihrer Mitte einige kleine weiße Blütchen hervor, die schnell Samen ausbilden. Dies ist der Grund, weshalb die Sommerkultur nicht empfohlen wird – allzu schnell sät sich dieses Gemüse aus, wenn es dazu Gelegenheit erhält.

Winterportulak in Topfkultur.

Im ungeheizten Gewächshaus nutzen über Winter Etagenzwiebeln, Bremer Scherkohl, Feldsalat, Löffelkraut, Spinat, Stielmus und Winterportulak jeden Sonnenstrahl und geringste Wärmegrade, um zu frühen Ernten heranzuwachsen.-

Postelein nutzt jeden frostfreien Tag zum Wachsen. Er eignet sich daher besonders gut für Frühbeete und unbeheizte Gewächshäuser als unkomplizierte und pflegeleichte Winternutzung, aber auch für Freilandbeete. Die weichen, spinatartigen Blätter sind reich an Vitamin C, mild und angenehm im Geschmack. Nach gründlichem Waschen kann man sie wie Blattspinat oder als Salat anrichten. Es passen alle Spinatrezepte, vor allem italienische, die für Spinatsalate üblich sind.

Kultur und Pflege: Man sät den feinen Samen genauso aus wie Feldsalat, also breitwürfig oder in Reihen von 15 bis 20 cm Abstand. Von August bis Oktober kann man säen, auch wieder von Ende März bis April. Innerhalb von 6 bis 7 Wochen kann geerntet werden, bei Frost dauert die Kultur länger.

Tipp: Gewächshausbesitzer können auch in Töpfchen vorziehen (8 bis 12 Körner/Topf) und erst später auspflanzen.

Etagenzwiebeln.

Etagenzwiebel, Ägyptische Zwiebel, Luftzwiebel, Rockenbolle

***Allium cepa* Proliferum-Gruppe**

Die Etagenzwiebel gehört zu den wenigen sterilen Pflanzenarten, die keine Blüten und keinen Samen bringen. Stattdessen bilden sich in 60 bis 80 cm Höhe kleine Zwiebelchen (Bulbillen) aus, die noch in luftiger Höhe Wurzeln treiben und neue Triebe mit schmackhaftem Schlottenlaub ausschicken. Die wohl aus Nordamerika stammenden Minizwiebeln sind bei uns völlig winterhart und bieten rund ums Jahr frisches Zwiebellaub für die Küche. Vermutlich gelangte diese Zwiebel durch den französischen General de Rocquambole (daher der auch benutzte Name »Rockenbolle«) nach Europa. Er kämpfte in Kanada gegen die Engländer und lernte dort auch die bei Indianern beliebte robuste Zwiebel kennen und schätzen. Im Gefolge von Napoleons Heer verbreitete sich das Gewächs nach Ägypten und von dort auch in vielen deutschen Gärten. Die kleinen, harten Zwiebeln sind besonders schmackhaft und werden gerne zum Einlegen von süßsaurem Gemüse genommen. Das würzige Laub kann man immer ernten, selbst bei Frost hält es frische Vitamine bereit.

Kultur und Pflege: Fallen die steckzwiebelgroßen Bulbillen herab, sind sie gleich in der Lage, weiterzuwachsen. Man steckt sie deshalb lediglich in Reihen mit ca. 6 x 30 cm Abstand und gibt den Pflanzen im Sommer etwas Halt durch Stäbe. Diese Zwiebel gedeiht an sonniger Stelle auf jedem Gartenboden.

Eine Kräuterschnecke hat den großen Vorteil, dass man hier auf minimalem Raum eine ganze Kräutersammlung unterbringen kann.

Kräuter aus Großmutters Garten

Basilikum, Bärlauch, Kerbel, Oregano, Rucola, Sauerampfer, Brunnenkresse und Koriander sind Kräuter, die jahrhundertelang nahezu unbekannt waren. Heute erfreuen sie sich größter Beliebtheit, andere warten noch auf ihre Entdeckung. Reizvoll ist ein kleines Kräuterbeet dicht am Haus, doch selbst in Blumentöpfen auf dem Balkon und auf der Terrasse kann man leicht die frischen und zugleich heilkräftigen Würzkräuter immer erntebereit halten.

Bärlauch, Wald-Knoblauch
Allium ursinum

Die maigrünen Blätter des Bärlauchs, des heimischen wilden Lauchs, bedecken zwischen April und Mai massenhaft feuchte Waldböden, vor allem auf Lehm. Das jahrhundertelang kaum gesammelte Würzkraut ist bereits auf Märkten und in vielen Trendrestaurants der Hit und willkommener Anlass für kulinarische Ereignisse. Gegessen werden die zarten Blätter, die intensiv nach Knoblauch duften. Sie sind gesund und wohlschmeckend und in ihren Inhaltsstoffen ähnlich dem Knoblauch. Weil sie Chlorophyll enthalten, verliert

Bärlauch, das heimische Wildkraut, wurde von Spitzenköchen für leckere Frühlingssuppen wiederentdeckt.

Brunnenkresse ist eine heimische Wasserpflanze, die in Bächen gedeiht.

sich nach dem Verzehr schon bald der aromatische Geruch.

Kultur und Pflege: Bärlauch sät sich selbst aus, sobald er erst einmal an schattiger Stelle unter Gehölzen, im Kräutergarten oder im Naturgarten Fuß gefaßt hat.

Am sichersten ist es, im Herbst Zwiebeln zu kaufen und sie im Abstand von ca. 20 cm 6 bis 8 cm tief einzusetzen. Auch die Anzucht aus Samen in Direktsaat an den vorgesehenen Platz kann gelingen, sofern man den Kaltkeimer in den kühlen Herbst- oder Frühjahrsmonaten flach aussät und 5 bis 8 cm hoch mit Laub bedeckt. Im Sommer zieht Bärlauch ein und gibt den Platz frei für andere Stauden.

Vorsicht: Bärlauchblätter können verwechselt werden mit denen von Maiglöckchen, die zur gleichen Zeit blühen, und mit den sich gerade entfaltenden Blättern der Herbstzeitlose *(Colchicum autumnalis)*. Beide sind tödlich giftig. Besser als das Sammeln in Wildbeständen sind deshalb Kulturen im Garten.

Brunnenkresse, Wasserkresse
Nasturtium officinale

Die senfartig-würzige und Vitamin-C-reiche Brunnenkresse ist eine heimische Wasserpflanze mit weißen Blüten, die in Bächen und Teichen mit fließendem Wasser vorkommt. Die Brunnenkressekultur hatte an einigen Stellen Tradition, vor allem in Dreienbrunnen bei Erfurt, wo die Gärtner in terrassenartigen, gestauten Beeten ganzjährig das gefragte und gesunde Würzkraut kultivierten. Brunnenkresse hat einen besonders hohen Vitamin-C-Gehalt und schmeckt ähnlich wie Gartenkresse. Man nutzt die Blätter für Salate, zum Dekorieren und für Suppen.

Kultur und Pflege: Die historische Methode kommt zwar den natürlichen Verhältnissen nahe, doch man kann Brunnenkresse viel einfacher kultivieren, zum Beispiel vorgezogene Pflanzen kaufen und in den Uferbereich des Gartenteichs geben. Dort kann man den Sommer über ständig davon ernten. Sogar im wassergefüllten formschönen Übertopf oder im Balkonkasten gelingt die Kultur. Dort steckt man entweder Blattspitzen (z. B. aus Brunnenkressebüscheln vom Markt) in nasses Substrat, wo sie schnell bewurzeln, oder man sät Samen dünn verteilt aus: Ein wasserdichter Balkonkasten wird bis 3 cm unter dem Rand mit Erde gefüllt, der Samen fein verteilt und durchdringend gewässert. Nach dem Aufgang werden die kleinen Pflanzen überstaut, so dass sie nie austrocknen können. Die beste Aussaatzeit ist im Frühjahr und

Sommer. Volle Sonne wird nicht gut vertragen, besser sind schattige Standorte.

Tipp: Sogar auf einem nördlich gelegenen Balkon kann man den ganzen Sommer über reichlich Brunnenkresse ernten. Eine leichte Flüssigdüngung alle 2 Wochen genügt. Geerntet werden die Triebspitzen und Blätter vor der Blüte. Sofort bilden sich neue.

Koriander
Coriandrum sativum

Der einjährige Koriander ist eine uralte Würzpflanze aus dem Orient. Die würzigen Samenkügelchen oder das fein geriebene Pulver sind von Lebkuchen, Pfefferkuchen und anderen Leckereien aus der Weihnachtsbäckerei her wohl bekannt. Außerdem ist Koriander ein wichtiger Bestandteil der echten indischen Currymischung. Er ist eines der ältesten und am weitesten verbreiteten Gewürze, mit einem fernen Hauch des Orients, Indiens und Asiens. Das zarte, etwa kniehohe Kraut erscheint im Juni bis Juli mit feinen weiß bis ganz zart rosa gefärbten Doldenblüten. Bald entwickeln sich Fruchtstände. In der mexikanischen, arabischen und fernöstlichen Kultur (und zunehmend auch bei uns) spielen jedoch nicht nur die Samen, sondern vor allem die würzig schmeckenden jungen und frischen Blätter (Blattkoriander) eine wichtige Rolle. Sie haben völlig anderes Aroma als das Korianderkorn und ersetzen in der orientalischen Küche Petersilie oder Kerbel. Wie diese sollte man die Blätter sparsam verwenden – ein Hauch genügt. Im Sommer kann Koriander unangenehm streng schmecken, deshalb die Blätter immer jung ernten. Richtig raffiniert schmecken exotische oder eurasische Gerichte, wenn man die Blätter bei wenig Licht im Frühjahr oder im Herbst aberntet.

Kultur und Pflege: Der körnige Samen wird in Sätzen zwischen April und August ausgesät, im Gewächshaus rund ums Jahr. Jeweils dünn verteilt und in Reihen von 20 bis 25 cm Abstand.

Löffelkraut, Skorbutkraut
Cochlearia officinalis

Das Löffelkraut ist eine frostharte heimische Pflanze von den Küsten Nordeuropas. Weil man sie nicht nur den ganzen Sommer über, sondern auch mitten im

Koriandersamen kannte man früher als Lebkuchengewürz. Heute ist eher das Blattgrün für exotische Gerichte gefragt.

Winter ernten kann, war sie in früheren Jahrhunderten sehr geschätzt – vor allem bei Seefahrern. Doch auch in Hausgärten, auf dem Land und vor allem in den schneereichen Bergen wusste man die ungewöhnlichen Qualitäten dieser würzigen Pflanzen zu schätzen. Die rundlichen dunkelgrünen Blätter sind reich an Vitamin C. Dazu enthalten sie reichlich keimhemmende Senföl-Glykoside, die vor Erkältungen schützen. Der Geschmack ist rettichartig; Löffelkraut ergibt einen pikanten Salat. Es wird auch für Suppen, als Würze für grüne Salate und Gemüsesäfte verwendet.

Zauberhaft anzusehen sind die mystischen Blautöne des zweijährigen Muskatellersalbeis.

Löffelkraut ist reich an Vitamin C.

Kultur und Pflege: Löffelkraut gedeiht auf jedem Gartenboden in Sonne und Halbschatten. Man sät den feinen Samen im Herbst von August bis Oktober dünn verteilt in Reihen und schützt die Pflanzen vor unerwünschter Beikraut-Konkurrenz. Erntezeit ist vom Spätherbst über den Winter bis zur sommerlichen Blüte, in Sätzen gesät, das ganze Jahr.

Tipp: Damit man auch im Winter leicht und sauber ernten kann, ist das Abdecken mit einem schützenden Gartenvlies nützlich.

Muskatellersalbei
Salvia sclarea

Der Muskatellersalbei gehört zum Sortiment der heute so vielfältigen Salbeiarten, die wegen ihrer Heilkraft häufig für Tees und Arznei oder für die Küche genutzt werden. Interessanter erscheinen oft die schönen Blüten und die silbrig behaarten und aromatisch duftenden Blätter. Früher wurde der schöne Muskatellersalbei wirtschaftlich genutzt zum Aromatisieren von Wein, Marmeladen und Fruchtdesserts. Heute schätzt man die dekorativen Blütenstände eher auf der Blumenrabatte, in Naturgärten, für Duftsträuße oder für Fruchtdesserts. Mit locker verzweigten 80 bis 120 cm hohen Blütenständen und rosa-violettblauen Farbtönen passt der ca. 60 bis 100 cm hohe Muskatellersalbei mit dem wunderbaren Charme alter Bauerngartenblumen zu den im Juni/Juli blühenden Schwertlilien, zu Rosen, Mohn, Storchschnabel, Spornblumen *(Centranthus)* und zu Zierlauch.

Kultur und Pflege: Obwohl sie wie eine winterharte Staude aussieht, ist diese herrlich aromatisch duftende Würzpflanze zweijährig und muss im Juli/August wieder aus Jungpflanzen nachgezogen werden. Oft sät sie sich aber auch selbst aus und blüht dann im Folgejahr. Sie gedeiht auf allen Gartenböden, besonders gerne auf Kalk. Ein guter Pflanzabstand ist 30 cm.

Salatrauke, Rucola, Ruka
Eruca sativa bzw. *Diplotaxis tenuifolia*

Erst vor ca. 20 Jahren wurde die Salatrauke (besser bekannt als Rucola) wieder entdeckt. Der nussig-pfeffrige, sehr angenehme Geschmack hat diesem uralten Würzkraut aus dem Mittelmeerraum und den Alpen im Sturm erst die italienischen Restaurants und danach die Herzen der Kräuterliebhaber geöffnet. Man unterscheidet zwischen zwei botanisch ganz verschiedenen Arten:

- die in den Alpen heimische **Wilde Rauke** oder Rucola selvatica *(Diplotaxis tenuifolia)* findet man häufig auf dem Markt. Sie ist mehrjährig mit gelben Blüten und braucht länger für ihre Entwicklung. Dafür kann man sie fast das ganze Jahr und noch im nächsten Jahr beernten, denn die tief gebuchteten Blätter mit ihrem intensiven Aroma wachsen immer wieder nach.

Wilde Rauke schmeckt intensiver.

Kultivierte Salatrauke im Balkonkasten.

- die **Kultivierte Salatrauke** oder Rucola coltivata *(Eruca sativa)* ist einjährig, blüht weiß und wächst so schnell wie Radieschen. Sie eignet sich für Beete, Balkonkästen und sogar für die Hydrokultur auf der Fensterbank.

Beide Arten vertragen Frost und gedeihen sowohl im Garten als auch im Gewächshaus. Die Blätter werden zum Würzen von Salaten, italienischen Gerichten, Suppen und für Pizzen genutzt.

Kultur und Pflege: Beide Arten gedeihen an sonniger bis halb schattiger Stelle sehr einfach und sicher in jedem Gartenboden und in Gefäßen. Man sät 1 bis 2 cm tief dünn verteilt in Rillen von ca. 20 cm Abstand und lässt die Kultur nicht austrocknen.

Blutampfer, zierend und essbar zugleich.

Großer Sauerampfer
Rumex acetosa

Von allen in Europa wild vorkommenden Ampferarten hat der Große Gartensauerampfer in den Regionalküchen fast aller Landschaften die wichtigste Rolle gespielt. Neues Interesse weckte die Nutzung der Blätter in raffinierten Suppen. Die leicht gedeihende mehrjährige Pflanze schmeckt wegen der enthaltenen Oxalsäure sauer und kann wohl zum Würzen, aber nicht in Mengen genossen werden. Man kann sie öfter abernten, die mittelgroßen Blätter wachsen immer wieder nach. Gute Sorten sind 'Aromata' und 'Belleville'. Wichtige weitere, aber nur wenig kultivierte Ampfer sind:

- **Gemüseampfer** oder Englischer Winterspinat (Rumex patienta): Seine Heimat ist Kleinasien. Die Pflanzen erreichen ca. 50 cm Durchmesser mit großen Blättern, aber flachem Geschmack. Er treibt jedoch früh aus und bringt in mehreren Schnitten viel Ertrag. Die Wurzeln wurden als Abführmittel gebraucht, Blätter und Stiele als Ersatz für Rhabarber genutzt (»Mönchsrhabarber«).
- **Römischer Sauerampfer,** Schildampfer *(Rumex scutatus):* Er wurde von den Römern eingeführt und wegen seines schärferen Geschmacks geschätzt.
- **Alpenampfer** *(Rumex alpinus):* Er wächst wild auf Wiesen im alpinen Gebiet und wird als »Wiesenspinat« gesammelt. Rings um die Sennhütten breitet er sich mit großen Blättern aus. Man kann ihn wie Spinat zubereiten oder in Teig gehüllt in Butter ausbacken.
- **Blutampfer** *(Rumex sanguineus):* Als Zierpflanze (aber auch für die Küchennutzung) gewinnt diese schöne Pflanze aus dem Kaukasus mit dekorativ gezeichneten Blattadern wieder an Bedeutung. Ihr Wuchs bleibt mit 30 cm Höhe zierlich.

Kultur und Pflege: Alle Ampferarten sind mehrjährig und können von April bis Oktober laufend abgeerntet werden. Sie gedeihen willig an sonnigen oder halbschattigen Plätzen auf feuchtem, humosem Boden. Man sät den feinen Samen von April bis Juli in flache Rillen und vereinzelt nach dem Aufgang auf ca. 20 x 30 cm Abstand.

Süßdolde, Wohlriechender Kerbel *Myrrhis odorata*

Mit Weihrauch und Myrrhe, den orientalischen Riechkräutern, hat die farnartige, staudig wachsende Pflanze nur den Wohlgeruch gemeinsam. Beim Reiben der samtig behaarten, weichen Blätter entströmt ein lakritzähnlicher, angenehm süßer Duft, der an Anis und Fenchel erinnert. Die Süßdolde kommt wild in den Alpen und im südlichen Europa vor, ist demgemäß vollkommen winterhart und wüchsig. Die schöne Pflanze mit grazilem Wuchs erreicht ca. 120 cm Höhe. Ihre tief geschlitzten Blätter sind mattgrün mit weißen Flecken. Weiß sind auch die Doldenblüten, die sich im Mai und Juni öffnen, gefolgt von dekorativen, glänzend bronze-schwarzen Samenständen.

Die fleischigen Wurzeln lassen sich als Gemüse zubereiten. Verbreiteter ist die Nutzung der aromatischen, duftenden Blätter, die man fein zerteilt ähnlich wie Minze zum Aromatisieren von Salaten, Eiskrem, Sorbets und kühlen Getränken benutzen kann. Auch die schwarzen Samen dienen zum Würzen von Müslis, Obstsalaten, Rhabarber- und Stachelbeerkompott und sind bei Kindern zum Knabbern beliebt.

Kultur und Pflege: Gönnen Sie der Süßdolde einen halbschattigen oder schattigen Standort. Sie passt gut auf Staudenrabatten, aber auch auf Kräuterspiralen und in Kräuterbeete. Durch Selbstaussaat erzeugt der Kaltkeimer über den Winter reichlich Nachwuchs, ohne dabei lästig zu werden. Gekauften Samen sät man im Herbst oder Winter ins Freiland oder in Saatschalen, die während der kalten Monate im Freien stehen, und verpflanzt die Sämlinge im Mai im Abstand von 80 bis 100 cm.

Tipp: Besonders lecker sind die grünen Samen gleich nach dem Abfallen der Blüten. Wenn sie noch ganz zart und fein sind und nach Fenchel schmecken, sind sie ein unvergesslicher Genuss!

Süßdolde mit leckeren Samenständen.

auf einen blick

- Bärlauch, Rauke, Zuckerschoten, Sauerampfer und Kerbel wurden nach langer Vergessenheit wieder neu entdeckt und haben den Einzug in die feine Küche geschafft.
- Bunte Salate, Tomaten und Kartoffelspezialitäten sind aus den Gärten nicht mehr wegzudenken.
- Anderen Kräutern und Gemüsen von früher, etwa Süßdolde oder Rüben-Raritäten, steht dies noch bevor. Es lohnt sich, schon heute ihre besonderen Werte zu entdecken.

Bezugsquellen, Adressen, Literatur

Bezugsquellen

Alle genannten Artikel gibt es im örtlichen Gartenfachhandel, teilweise auch im Versand.

Stauden-Spezialitäten

Alpine Raritäten
(Viola, Helleborus, Primula u.a.)
Staudengärtnerei
Jürgen Peters
Auf dem Flidd 20
25436 Uetersen
www.Alpine-Peters.de

Friesland Staudengarten
Uwe Knöpnadel
Husumer Weg 16
26441 Jever-Rahrdum
www.friesland-staudengarten.de

Staudengärtner Klose
Paeonien
Rosenstr. 10
34253 Lohfelden
www.staudengartner-klose.de

Werner Hoffmann
Aurikeln
Laerstr. 69 a
48565 Steinfurt
Tel.: 0 25 52 / 6 02 40

Gräfin von Zeppelin
Staudengärtnerei
79295 Sulzburg-Laufen
www.graefin-v-zeppelin.com

Österreich
Sarastro
Christian H. Kreß
A-4974 Ort/Innkreis 131

Schweiz
Ernst Meier AG
Gartencenter-Staudenspezialitäten
Florastr. 12
CH-8632 Tann-Rüti ZH
www.meier-ag.ch

Samenpoduzenten

Kein Verkauf an Endverbraucher, bieten aber gute Kataloge und Informationen

Juliwa/Quedlinburger Saatgut
Neuer Weg 21
06472 Quedlinburg
www.quedlinburger-saatgut.de

Sperli-Samen
Postfach 2640
21316 Lüneburg
www.sperli.de

Kiepenkerl-Pflanzenzüchtung
Postfach 1263
48348 Everswinkel

Samen-Versender

Monika Gehlsen
Zier- und Nutzpflanzen-spezialitäten
Willi-Dolgner-Str. 17
06118 Halle (Saale)
Tel.: 03 45 / 5 22 64 23

Thompson and Morgan Ltd.
Postfach 1069
22784 Hamburg
www.thompson-morgan.com

Dreschflegel
Postfach 1213
37202 Witzenhausen
www.dreschflegel-saatgut.de

Jansen
Samen-Spezialitäten
Postfach 300115
46399 Bocholt
www.kuerbis.net

Bio-Saatgut
Ökologie und Design
Ulla Grall & Partner
(Ferme de Sainte Marthe)
Eulengasse 3
55288 Armsheim
www.bio-saatgut.de

H. Hild Samen GmbH
Kirchenweinbergstr. 115
71672 Marbach am Neckar
www.hildsamen.de

Frankreich
Graines Baumaux
B.P. 100
F-54062 Nancy
www.baumaux.com

Samen- und Pflanzenversender

Ruehlemanns
Kräuterspezialitäten
Am Himpberg 32
27367 Stuckenborstel
www.ruehlemanns.de

Bioland-Hof Ellenberg
Ebstorfer Str. 1
29576 Barum
www.kartoffelvielfalt.de

Gärtner Pötschke
Beuthener Str. 4
41561 Kaarst
www.gaertner-poetschke.de

Bingenheimer Saatgut AG
Ökologisches Saatgut
Kronstr. 24
61209 Echzell
www.oekoseeds.de

Baldur Gartenversand
Elbinger Str.12
64625 Bensheim
www.baldur-garten.de

Syringa-Versand
Duftpflanzen, Kräuter, Tomaten
Bachstr. 7
Postfach 1147
78245 Hilzingen
www.syringa-samen.de

Blumenschule
Rainer Engler und Sabine Friesch
Augsburger Str. 62
86956 Schongau
www.blumenschule.de

Grüner Tiger
Felix Lage
Pfarräcker Str. 13
90522 Oberasbach
www.gruenertiger.de

Samenparadies Karl Hanne
Bisloher Hauptstr. 1
90765 Fürth OT Bislohe
www.samen-hanne.de

Raritäten-Gärtnerei Treml
Eckerstr. 32
93471 Arnbruck
www.pflanzentreml.de

Schweiz
Wyss Samen und Pflanzen AG
Gartencenter, Versand
Schachenweg 14 c
CH-4528 Zuchwil-Solothurn
www.samen.ch

Blumenzwiebel-Raritäten (Versand)

Albrecht Hoch
Potsdamer Str. 40
14163 Berlin
Fax: 0 30 / 8 02 62 22

Küchengarten
Historische Zwiebelblumen
Reinhold Krämer
Waldstetter Strasse 4
73525 Schwäbisch-Gmünd
www.kuechengarten.kräemer.de

Hof Berggarten GbR
Kindenweg 17
79737 Herrischried
www.hof-berggarten.de

Der Blumenzwiebelversand
Bernd Schober
Stätzlinger Str. 94 a
861165 Augsburg
www.der-blumenzwiebel-versand.de

Niederlande
Peter C. Nijssen
Postbus 653
NL-2100 AR Heemstede
Fax: +31 / 2 35 28 22

Alte Rosen

Ingwer J. Jensen
Rosen
Am Schlosspark 2b
24960 Glücksburg
www.jensen-rosen.de

Naturwuchs
Kartoffeln, Stauden, Rosen
Bardenhorst 15
33739 Bielefeld-Vilsendorf
www.naturwuchs.de

Bioland Rosenschule Ruf
Zum Sauerbrunnen 35
61231 Bad Nauheim-Steinfurth

Walter Schultheis
Rosenhof
61231 Bad Nauheim

Lacon
J.S. Piazolo-Str. 4 a
68766 Hockenheim
www.lacon-rosen.de

Alte Obstsorten

Artländer Pflanzenhof
Spezialversand für Obstgehölze
Baumschulenweg
49610 Quakenbrück
www.pflanzenhof-online.de

Gärtnerei Strickler
Lochgasse 1
55232 Alzey
www.gärtnerei-strickler.de

Klaus Ganter
Markenbaumschule
Baumweg 2
79369 Wyhl am Kaiserstuhl

Baumschule Brenninger
Hofstrarring 2
84439 Steinkirchen
www.brenninger.de

Adressen

Organisationen für alte und gefährdete Pflanzen

Bundesanstalt für Züchtungsforschung an Kulturpflanzen
Institut für Obstzüchtung
Pillnitzer Platz 3 a
01326 Dresden

Deutsche Gesellschaft für Gartenkunst und Landschaftskultur e.V.
Arbeitskreis Historische Gärten
Klaus von Krosigk
Motzstr. 60
10777 Berlin

Boomgarden-Projekt
Eckart Brandt
Im Moor 1
21712 Großenwörden
www.boomgarden.de

VEN
Verein zur Erhaltung der Nutzpflanzenvielfalt e.V.
Ursula Reinhard
Sandbachstr. 5
38152 Schandelah
www.nutzpflanzenvielfalt.de

Rainer Rausch
Arbeitskreis Historische Obstsorten der Pfalz
Bahnhofstr. 13 a
67126 Hochdorf-Assenheim

Landesverband für Obstbau, Garten- und Landschaftsbau Baden-Württemberg
Arbeitsgruppe Streuobst
Klopstockstr. 6
70193 Stuttgart
www.gartenbauvereine.de

Fördergemeinschaft regionaler Streuobstbau Bergstrasse-Odenwald-Kraichgau (FÖG)
c/o Hilmar Grzesiak
Zuzenhauser Str. 38
74909 Meckesheim

Fachhochschule Weihenstephan
Landwirtschaftliche Lehranstalten Triesdorf
Obstlehrgarten
91746 Weidenbach

Österreich
Arche Noah
Gesellschaft zur Erhaltung und Verbreitung der Kulturpflanzenvielfalt
Obere Str. 40
A-3553 Schiltern
www.arche-noah.at

Stichwortverzeichnis

Ziffern mit * verweisen auf Abbildungen

Bildnachweis:

Alle Bilder von Siegfried Stein, außer:
Borstell: 2/3
Bross-Burkhardt: 62r
Diez: 85o
GBA/Nichols: 12
Hagen: 8u, 26o
Mühl: 44o
Mühl: 46ul, 47, 50u, 51o
Pforr: 24u, 66
Reinhard: 6, 14u, 15, 17u, 21o, 21u, 29o, 34o, 35, 40, 42, 43l, 43r, 44u, 45l, 45r, 46o, 46ur, 48o, 48u, 49l, 49r, 51u, 52, 52/Einkl., 53u, 53o, 73o, 74/Einkl., 80o, 83, 84, 85u, 88u
Seidl: 22u, 30o
Strauß: 19, 50o
Urban: 24o

Grafiken: Sylvia Bespaluk

Das Bild auf Seite 1 wurde mit freundlicher Genehmigung in der Gärtnerei »De Rhulenhof« (Ottersum, Niederlande) aufgenommen.

Bibliographische Information
Der Deutschen Bibliothek

Die Deutsche Bibliothek verzeichnet diese Publikation in der Deutschen Nationalbibliografie; detaillierte bibliografische Daten sind im Internet über http://dnb.ddb.de abrufbar.

BLV Buchverlag GmbH & Co. KG
80797 München

Umschlaggestaltung: fuchs_design, Riemerling

Umschlagfotos: Reinhard (Vorderseite), Stein (Rückseite links und rechts)

Layoutkonzept Innenteil:
Studio Schübel, München

Lektorat: Dr. Thomas Hagen
Herstellung: Hermann Maxant

Layout: Anton Walter, Gundelfingen
Satz: agentur walter, Gundelfingen

Gedruckt auf chlorfrei gebleichtem Papier

Printed and bound in Germany ·
ISBN 3-405-16837-6